Mosaik
bei GOLDMANN

Buch

In diesem Buch kommen ganz unterschiedliche Frauen zu Wort, die nach Jahren mehr oder weniger überrascht feststellen, wie positiv das Leben nach einer Trennung vom Partner verlaufen kann. Sie haben sich beruflich entfaltet, haben die Lust an der Unabhängigkeit entdeckt, haben neue Männer kennen gelernt – vielleicht erst dann den eigentlichen Traummann gefunden ... Diese Frauen bedanken sich in Briefen bei ihrem Expartner für die Chance, die er ihnen unbewusst gegeben hat, als er sie verließ. Lore Großhans macht den Leserinnen Mut und erschließt ihnen neue Dimensionen. Sie öffnet die Augen für eine neue, unverstellte Sichtweise der eigenen Geschichte und hilft, Ja zu sagen zu einem aufregenden neue Leben.

Autorin

Lore Großhans, Journalistin und Buchautorin, war viele Jahre als Ressortleiterin, Textchefin, stellvertretende Chefredakteurin und Autorin für Frauenzeitschriften tätig. Sie absolvierte eine Ausbildung zur psychologischen Beraterin und Mentaltrainerin und befasst sich schwerpunktmäßig mit den Themen Psychologie und Partnerschaft.

LORE GROSSHANS

Danke, dass du mich verlassen hast

Entdecken Sie Ihre
Trennung als positive Wende
in Ihrem Leben

Mosaik
bei GOLDMANN

Umwelthinweis:
Alle bedruckten Materialien dieses Taschenbuches
sind chlorfrei und umweltschonend.

Originalausgabe September 2001
© 2001 Wilhelm Goldmann Verlag, München,
ein Unternehmen der Verlagsgruppe Random House GmbH
Umschlaggestaltung: Design Team München
unter Verwendung folgender Fotos:
Umschlag: Premium/Stock Image
Umschlaginnenseiten: Bavaria/PCL
Redaktion: Eleonore Emmler
Satz: Barbara Rabus, Sonthofen
Druck: GGP Media, Pößneck
Verlagsnummer: 16345
kö · Herstellung: Max Widmaier
Made in Germany
ISBN 3-442-16345-5
www.goldmann-verlag.de

3 5 7 9 10 8 6 4 2

Inhalt

Vorwort 9

Teil I 18 Briefe 13

Teil II Liebe – nichts einfacher als sie? 109
Warum Trennungen sein müssen 111
Fertig zur Bruchlandung 114
Von der Aggression bis zur Trauer –
ein langer Weg 118
Schritte zum Selbstvertrauen: *1. Übung* 122
Trennung – nichts ist mehr wie früher 124
Trauern, um wieder leben zu lernen 126
Papa geht 129
Fragebogen 131
Aus Verlust wird Gewinn 133
Den Gewinn mitnehmen 135
Schritte zum Selbstvertrauen: *2. Übung* 138
Der Heilungsprozess beginnt 140
Raus aus der Opferrolle! 142
Wege aus der Einsamkeit 143
Muster für einen Dankesbrief 146
Beruf als Sicherheitsgurt 147
Auf der Zielgeraden 149

Anhang Informationen und Kontakte 153
Register 154

Hinter jedem erfolgreichen Mann steht eine starke Frau.
Hinter jeder starken Frau steht fast immer eine zerbrochene Beziehung.

Volksmund

»Die schwierigste Zeit in unserem Leben ist die beste Gelegenheit, echte Erfahrung und innere Stärke zu gewinnen ... Wer lehrt das? Nicht unser Freund, nicht unser Guru, sondern unser Feind.«

DALAI LAMA: Logik der Liebe

Vorwort

Viele Frauen entdecken ihre Stärken und Fähigkeiten erst durch eine Krise in ihrer Partnerschaft. Vorher ahnen sie oft nicht, welches Potenzial an Kraft, Kreativität und Fähigkeiten in ihnen schlummert. Die vielen chaotischen Gefühle wie Wut, Aggression, Trauer, Scham, die durch eine solche Krise im Inneren hochkochen, lösen einen ungeheuren Schub in Richtung Selbsterkenntnis und Selbstfindung aus. Wenn wir es schaffen, all diese negativen Gefühle in positive Power umzuwandeln, helfen sie uns bei der Entwicklung unserer Persönlichkeit.

Solange unser Leben in halbwegs geordneten Bahnen läuft, sehen wir keine Notwendigkeit, etwas daran zu verändern. Warum sollten wir auch?

Doch ohne Veränderung gibt es keine Weiterentwicklung.

Und deshalb werden wir oftmals zu unserem Glück buchstäblich gezwungen, mögen wir im Moment mit dem Schicksal auch noch so hadern, das uns ungerecht und grausam erscheint.

Der Mann, den wir liebten und mit dem wir unser Leben verbringen wollten, hat uns verlassen. Daran kann erst mal nichts Gutes sein, oder?

Erst mal nein, später ja!

Trennung als Chance? Klingt ziemlich abgedroschen. Hat aber nach wie vor Gültigkeit!

Auf die Idee, dieses Buch zu schreiben, kam ich durch viele Gespräche mit Freundinnen und mit Frauen, die ich durch meine Arbeit kennen lernte. Wie oft habe ich dabei solche oder ähnliche Aussagen gehört: »Gott sei Dank, dass ich mit *diesem* Mann nicht mehr zusammen bin«, »...dass das mit uns schief gelaufen ist«, »...dass ich *den* nicht bekommen habe.«

Viele Leserinnen werden sich in der einen oder anderen Geschichte wiederfinden und denken: »Ja, genau! So lief das auch bei mir!«

Bekenntnisse von Frauen, die aus einer zerbrochenen Beziehung erstarkt herausgingen. Häufig fiel der Satz: »Ich wusste vorher gar nicht, wie stark ich bin!« Sie haben rückblickend festgestellt, dass sie sich an der Seite des einstmals geliebten Mannes nicht hätten weiterentwickeln können und dass die Trennung ihrem Leben eine positive Wende gegeben hat. Und sie haben erkannt, dass gerade dieser Mann, der ihnen einmal so weh getan hat, ihr bester »Entwicklungshelfer« war.

Warum dafür nicht danke sagen?

Durch das Formulieren eines Dankesbriefes wird erst so richtig Umfang und Tragweite klar, welchen Anteil der Expartner an der positiven Entwicklung hatte. Eine Hilfe dabei kann das Ausfüllen des Fragebogens sein, den Sie auf Seite 131 finden. Einen »Musterbrief« finden Sie auf Seite 146.

In diesem Buch und in diesen Briefen geht es nicht um eine späte »Abrechnung«, schon gar nicht darum, Männer »niederzumachen«. Es ist – im Gegenteil – ein Buch, das Mut machen soll. Mut, seine eigenen Ziele nicht aus den Augen zu verlieren, Mut, Gefühle und Stärken zu leben, Mut, vielleicht deshalb verletzt zu werden, Mut, sich in eine Partnerschaft einzulassen, Mut zu der Erkenntnis: Wer sich nicht traut, kann auch nicht siegen. Kurz: Mut zum Lieben und zum Leben.

Das Buch macht nicht nur jenen Frauen Mut, die eine Trennung hinter sich haben und noch voller Wut und Trauer sind. Es macht auch Frauen Mut, die sich mit Trennungsgedanken befassen. Aber auch Frauen, die in einer harmonischen Partnerschaft leben. Denn es geht in diesem Buch nicht nur um »das Glück der Trennung«.

Die Lebensgeschichten der Frauen verraten auch vieles, was wir tun können, damit es nicht zur Trennung kommen muss, und wie wir mit unserem Partner immer wieder einen neuen Anfang schaffen können. Denn auch dies macht dieses Buch deutlich: So »unschuldig« an einer Trennung sind wir nicht, wie wir manchmal denken. Manchmal forcieren wir sie, unbewusst, aber aus gutem Grund.

Dem Expartner einen »Ich-danke-dir-Brief« zu schreiben, der vielleicht nie abgeschickt wird, ist eine gute Möglichkeit, das Gewesene aufzuarbeiten, Bilanz zu ziehen und das auf der Haben-Seite gutzuschreiben, dessen wahren Wert wir bislang möglicherweise unterschätzt haben. Dann können wir jenes Kapitel nicht nur endgültig abschließen, wir können ihm damit auch den Stellenwert in unserem Leben einräumen, den es verdient hat.

Lore Grosshans

Teil I

CAROLYN, 56, Internistin,
17 Jahre Ehe mit Werner, 54,
Scheidung vor 18 Jahren

Lieber Werner,

im Gegensatz zu vielen verlassenen Frauen kann ich im Nachhinein nicht mit einer rührenden Story aufwarten, dass ich ohne dich innerlich zugrunde gegangen bin. Wir hatten eine große, große Liebesgeschichte zusammen, 17 wundervolle Jahre. Mit dir kam mein Lachen zurück, das mir mit meinem letzten Partner verloren gegangen war. Wir sind zusammen in wunderbare Räume eingetaucht. Musik, Theater, Philosophie – das war unser Medium, in dem wir uns viersprachig unterhalten konnten. Wir surften auf einem hohen Glücksniveau. Der Absturz war unausweichlich.

Die Signale, dass du wieder deine Freiheit brauchst, hätte ich früher erkennen müssen. Du hast sie dir an der Seite einer 17-Jährigen geholt. Ich war damals schon 38. Du hattest Probleme mit dem Älterwerden und warst überzeugt, dass Frauen ab 39 nicht mehr zu gebrauchen sind.

Nicht mehr zu gebrauchen – deine Worte! Damals hätte ich dich verlassen müssen. Es fehlte mir der Mut. Eine Trennung kam für mich nicht in Frage. Ich bin in meinem Elternhaus auf Ehe getrimmt worden, und das hieß, zusammenzubleiben for better and for worse.

Ich habe auch nicht aufbegehrt, weder gegen die Dominanz deiner Mutter, noch dagegen, dass sich in dieser Familie alles um deinen Sohn drehte, als wäre er ein Wunderkind. Aber er war nur ein lieber Junge mit einem prachtvollen Charakter und mit großen schulischen Problemen. Ich mochte ihn sehr. Er kam mit neun zu uns und blieb bis zu seinem 16. Geburtstag. Du hast ihn schon mit 18 gebastelt. Als es für eine Abtreibung zu spät war, hast du deine Mutter gefragt, ob sie das Kind nicht nehmen wolle. Sie hat den Jungen adoptiert, und so wurde nach außen hin aus der Großmutter die Mutter des Jungen und aus dir sein großer Bruder.

In dieser Familie zählte ich wenig. Du warst ein Nomade, hast die Firma deines Vaters geführt und bist kreuz und quer durch die Welt geflogen. Wir sahen uns allenfalls alle paar Wochen für ein Wochenende. Während ich in Hamburg eine Praxis führte, habe ich dir 24 Umzüge organisiert, mal nach Paris, mal nach Ascona, mal nach London, wo immer du es für eine kurze Zeit ausgehalten hast. Sind wir verreist, standen immer deine Mutter und ihr Sohn am Flughafen. Ich habe mal nachgezählt. Auf 18 Urlaube entfielen 17 Mutter-und-Kind-Reisen. Es ging nur um das Kind, nie darum, was ich erlebte. Ich hätte gern Kinder gehabt. Aber du hattest ja schon eines, das reichte dir.

Ich habe nie gesagt, das passt mir nicht. Unser Leben war ja auch oft heiter, schön und komisch. Ich habe versucht, alles durch berufliche Erfolge wettzumachen. Ich wurde darüber hinaus auch noch die Beste im Kochen (ich konnte 18 Gänge zaubern!), die Beste im Einrichten, versuchte mich in Sportarten, die mir überhaupt nicht lagen, und lernte eine weitere Fremdsprache. Dabei bin ich immer sprachloser geworden, ich konnte keine Briefe mehr schreiben, fühlte mich wie gelähmt und ständig korrigiert. Die Leitung einer Klinik, eine angebotene Professur – ich hab's gelassen. Du warst dagegen. Ich hätte diesen familiären Strukturen entfliehen müssen. Sie bremsten mein Wachstum. Unser Zuhause war ein Gefängnis, ich habe mich selbst eingekerkert, dabei mein Ich, meine Seele verloren.

Aus diesem jahrelangen Schockzustand bin ich noch nicht einmal dann aufgewacht, als ich schwer krank wurde. Ein Melanom, die bösartigste Form von Hautkrebs, und lange Zeit drohte mir die Amputation meines Beines. Doch ich habe mich noch immer geborgen gefühlt in deiner Liebe. Wir haben nächtelang zusammen geredet, aber nie mehr miteinander geschlafen.

Dann bist du krank geworden. Dass du danach alles neu machen wolltest, das konnte ich verstehen. Aber nicht auf diese Art. Am Geburtstag deiner Mutter hast du mir kühl am Telefon erklärt, es lohne sich für mich nicht zu kommen. Ich war so betroffen, so irritiert, bin dann aber doch zu dem Fest gefahren. Da bist du mit der 17-Jährigen aufgetaucht.

Danach ging alles ganz schnell und ziemlich unschön. Wir hatten keinen Ehevertrag, und du hattest dein Geld in der Schweiz angelegt. Du hast es mit allen juristischen Tricks verstanden, mich finanziell auszuhungern. Und ich hatte niemanden, mit dem ich reden konnte. Ich habe unsere Freunde in dem Glauben gelassen, dass bei uns alles bestens geregelt sei. Ich habe dich auch da noch geschützt. Nur mich habe ich nie geschützt.

Wie tief man runter muss, um wieder hochzukommen, habe ich damals gelernt. Ich habe mit 40 noch einmal von vorne angefangen, die Stadt gewechselt, habe Schulden gemacht und abbezahlt, habe meinen Frieden mit dir gefunden. Du wirst mich vielleicht für verrückt halten, wenn ich dir sage, dass ich mich dir noch immer verbunden fühle. Auch wenn ich neben dir nicht hätte wachsen können.

In der Zeit nach dir ist meine Seele reif geworden. Ich habe mich immens weiterentwickelt. Natürlich hätte ich zehn Jahre früher von dir weg müssen, dann hätte ich diesen Punkt zehn Jahre früher erlebt. Aber ich war eben das fromme Eheweib bis zuletzt. Heute bin ich frei, habe gelernt, mich zu schützen. Ich habe meine Identität wieder, meine Authentizität, ich kann meine Stärken ausleben, meine Schwächen ebenso, und ich kann mit Schuld und

Hadern umgehen. Ich kann zu all meinen Gefühlen stehen. In der Welt von damals, unserer Welt, wäre dafür kein Platz gewesen. Ich lebe ein beglückendes Leben, ein total anderes als mit dir. Ich bin glücklich.

Immer noch in Liebe
Carolyn

FAZIT

Anpassung bis zum Verbiegen. Carolyn hat in ihrer Ehe nie ihre eigenen Ansprüche geltend gemacht. Sie führte bereitwillig ein Leben nach den Vorstellungen ihres Mannes, verzichtete sogar auf eigene Kinder, weil er keine mehr wollte. Ihre Erziehung machte ihr diese Rolle anfangs leicht. Den emotionalen Mangel versuchte sie durch berufliche Erfolge und als Überfrau (tolle Köchin, tolle Sportlerin) zu kompensieren. Nicht einmal ihre lebensbedrohende Krankheit hat sie zum Umdenken gebracht. Ihr fehlte der Mut, ihrem Mann Grenzen zu setzen, und der Mut, gegen die anerzogene Rolle der duldsamen Ehefrau aufzubegehren und eigene Wünsche anzumelden und durchzusetzen. Es musste diesen harten Bruch von seiner Seite geben, damit Carolyn ihren Weg finden konnte.

MARITA, 35, Versicherungskauffrau,
4 Jahre Ehe mit Dirk, 38,
Trennung nach 3 Jahren,
Scheidung nach 4 Jahren

Lieber Dirk,

stell dir vor, es käme eine Patientin in deine Praxis und würde dir die folgende Geschichte erzählen. Ach, wäre ich bloß Mäuschen, ich würde soo gern deine Antwort hören!

Also, die Geschichte geht so: Attraktive junge Frau, erfolgreich im Beruf, verliebt sich unsterblich in einen Mann, er sich in sie. Doch dann wird er überraschend Vater – aber die Mutter dieses Kindes ist eine andere! Diese junge Frau beschließt, so lange auf diesen Mann zu warten, bis sein Kind 18 Jahre und damit volljährig wird. Ziemlich bescheuert, oder?

Es kommt noch besser. Diese junge Frau lernt einen anderen Mann kennen, den sie nach einigen Monaten heiratet, einen Psychologen. Mit dem war sie drei Jahre lang glücklich. Das heißt aber auch: Drei Jahre Wartezeit auf den anderen waren damit überstanden, nur noch 15 weitere Jahre lagen vor ihr. Wenn es nach dieser jungen Frau gegangen wäre, hätte sie auch diese 15 Jahre »zu dritt« verbracht, denn »er«, ihre große Liebe, war in ihrer Vorstellung immer dabei. Auch im Bett gab es den unsichtbaren Dritten. Nur der Ehemann deiner Patientin hatte von seinem – unsichtbaren – Nebenbuhler keine Ahnung. Sie hat ihn gegenüber ihrem Mann nie erwähnt. Das war ihr großes Geheimnis.

Doch auch der Ehemann hatte seine Geheimnisse. Oder besser gesagt: bestimmte sexuelle Phantasien. Davon ahnte seine Frau, also deine Patientin, nichts. Bis zu dem Tag, an dem er sie vor die

Alternative stellte: »Du schläfst mit anderen Männern, ich schaue dabei zu. Oder es ist aus mit uns beiden.«

Deine Patientin ist geschockt, verletzt, hält ihren Mann für pervers. Doch der sagt einfach: entweder – oder.

Sie entscheidet sich für das Entweder, in der Hoffnung, ihren Mann damit an sich binden zu können. Sie kann nach einer Totaloperation keine Kinder mehr bekommen, er aber wollte welche. Sie tut also, was er verlangt, ist sie ihm doch was »schuldig«. Sie ekelt sich vor sich und vor ihm. Doch sie sagt nicht eindeutig Nein!

Dann verliebt sich dieser Ehemann in die beste Freundin seiner Frau, fortan gibt es neuerlich eine Dreierkonstellation: Ehemann, Ehefrau und Freundin. Der Mann ist wenigstens so galant, keinen Dreier im Bett zu fordern. Wenn er mit der Freundin schläft, sind die beiden allein. Das macht es auch nicht viel erträglicher für die Ehefrau, denn das Ganze findet in der ehelichen Wohnung statt.

Dann bekommt der Mann ein tolles berufliches Angebot in einer 500 Kilometer entfernten Stadt. Seine Frau rät ihm zu, diese Chance zu nutzen. Sobald er sich dort eingelebt hat, wollte sie nachkommen. Doch als sie dort eintrifft, hatte sich schon die Freundin in der neuen Wohnung breit gemacht.

So, mein lieber Dirk, und damit sind wir mitten in unserer Geschichte. *Unserer* Ehe-Geschichte. Ich weiß nicht, welche Lösungsmöglichkeiten du mit jener Patientin erarbeitet hättest. Als Therapeut wärest du um eine Lösung sicher nicht verlegen gewesen. Aber als Mann und Ehemann – mein Ehemann! – hattest du nichts anzubieten. Du hast die Entscheidung uns beiden Frauen überlassen. Sollten die doch ausknobeln, wer bleibt und wer geht. Dir war die eine so lieb wie die andere.

Im Zeitraffer: Ich packte das Nötigste zusammen, fuhr in die alte Stadt zurück, fand innerhalb weniger Tage eine halbwegs bezahlbare Wohnung, denn auf unserem gemeinsamen Konto waren plötzlich nur noch Miese. Du hattest dich reichlich bedient. Glücklicherweise bekam ich meinen alten Job zurück. Es hätte also bergauf gehen können. Doch dann erst kam der Hammer. Die Bank forderte eine Bürgschaft über 80 000 Mark von mir ein. Die hatte ich damals unterschrieben, als du versucht hattest, dich mit einer Praxis selbstständig zu machen. Du hast dich für zahlungsunfähig erklärt, von dir war nichts zu holen. Aber von mir.

Kannst du dir vorstellen, wie sich eine Frau fühlt, die gleich zweimal betrogen wurde? Sicher nicht, denn dann hättest du es nicht getan, egal wie mies dein Charakter auch sein mag. So etwas tut man nicht einmal seinem schlimmsten Feind an. Ich war nicht dein Feind, ich war deine Frau!

Wie ich die nächsten zwei Jahre durchgestanden habe, ist mir selbst ein Rätsel. Ich habe geschuftet wie ein Pferd, lebte im übertragenen Sinne von Wasser und Brot, blechte und blechte. Ich habe nicht jedes Markstück zehnmal umgedreht – jedes Zehn-Pfennig-Stück habe ich zwanzigmal umgedreht!

Magst du mal in der Hölle schmoren für deine Untaten, es würde mich nicht mehr berühren. Ich habe mein Glück gefunden. Nein, es ist nicht der Mann, der mir viele Jahre lang durch den Kopf spukte und auf den ich gewartet habe – er hätte heute keine Chance mehr bei mir.

Ich habe eine andere Liebe gefunden, eine, die mich ihn und dich vergessen ließ. Er ist das, was ich mir als junges Mädchen immer erträumt habe: groß, stark, ernsthaft, liebevoll. Ein Mann, der Ähnliches erlebt hat wie ich, der zwei Töchter allein großgezogen hat. Es sind prächtige junge Frauen geworden. Beide leben mit uns unter einem Dach. Es sind »meine« Kinder geworden, ich liebe sie von Herzen. Und ihren Vater erst!

Jetzt weiß ich, was Partnerschaft bedeutet: Liebe, Zuneigung,

Vertrauen. Miteinander reden, gemeinsam Probleme lösen. Ich darf sein, wie ich bin, und werde dafür geliebt. Ich werde nie wieder auf leisen Sohlen durchs Leben gehen, nie wieder Kompromisse machen, aus Angst verlassen zu werden, aus falsch verstandener Dankbarkeit.

Es gibt nur noch einen offenen Wunsch: eine richtige Traumhochzeit. Ich möchte in einem weißen Kleid vor den Altar treten. Nur in diesem Punkt bin ich noch das kleine träumende Mädchen, ansonsten eine schnell erwachsen gewordene Frau mit dem Kopf in den Wolken und mit beiden Beinen fest auf der Erde!

Ich würde dir ein solches Glück wünschen, ehrlich!

Marita

FAZIT

Schuldgefühle sind ein schlechter Ratgeber. Marita wurde von ihrem Mann gleich doppelt betrogen: sexuell und finanziell. Marita heiratete ihn, weil ihr Traumprinz anderweitig vergeben war. Nach einer Totaloperation war an Kinder, die auch er sich sehnlich wünschte, nicht mehr zu denken. Sie glaubte, ihm deshalb etwas »schuldig« zu sein, und ging, wenn auch widerstrebend, auf seine perversen sexuellen Wünsche ein anstatt sie abzuweisen. Aus dem gleichen Grund zog sie auch keine Konsequenzen, als er sie mit ihrer besten Freundin betrog, zahlte darüber hinaus auch noch seine Schulden ab. Erst ihre aussichtslose finanzielle Situation verschaffte ihr jenes Maß an Wut, das Geschehene sachlich betrachten und einen Schlussstrich ziehen zu können.

CHRISTEL, 60, Geschäftsfrau,
17 Jahre Ehe mit John,
Scheidung nach 25 Jahren,
2 Kinder, 38 und 36 Jahre alt

Lieber John,

wo steckst du eigentlich? Keine Ahnung, ob du noch manchmal an
mich, an uns denkst. Ich gebe zu, du bist nur selten in meinen Gedanken. Aber letzte Woche kam ich von einem Klassentreffen in
Deutschland zurück. Es fand in dem Städtchen im Nordschwarz-
wald statt, dort, wo wir uns kennen gelernt haben. Ich war damals
gerade 20 und du ein GI, ein US-Soldat, stationiert in einer Ka-
serne im Nachbarort. Alle Mädchen meines Alters fanden euch
amerikanischen Boys interessanter als die Jungen in der Stadt. Du
warst ein besonderes Exemplar. Du warst so ganz anders als deine
Kameraden. Viel schüchterner, zurückhaltend, fast ein bisschen
gehemmt.

Es war Liebe auf den ersten Blick. Es dauerte auch nicht lange, bis
du meinen Vater um meine Hand und um die Genehmigung, mich
heiraten zu dürfen, gebeten hast. Damals wurde man erst mit 21
volljährig, also brauchte ich den Segen meines Vaters. Er hat ihn
uns schweren Herzens gegeben. Er war so voller Zweifel, ob das
mit uns beiden gut gehen würde. Ich wollte seine warnenden
Worte nicht hören, ich sonnte mich mehr in den Schwärmereien
meiner Freundinnen, die mich glühend darum beneidet haben,
nach Amerika auswandern zu können. Das war so etwas wie das
gelobte Land, ein Land, in dem alle Menschen reich sind, alles größer und großzügiger war als bei uns. Du hast so viel von deiner
Heimat erzählt, von deiner Familie, dass ich den Tag unserer Ab-

reise gar nicht erwarten konnte und auch nicht verstand, warum meine Eltern so bedrückt waren. Sie sollten sich doch für mich freuen!

Ein mieses kleines Nest in Kentucky. Der Empfang, den uns deine Eltern bereiteten, war frustrierend, fröstelnd. Sie nahmen kaum Notiz von mir. Es lag nicht nur an den Sprachschwierigkeiten (mein Englisch war noch sehr bescheiden), dass ich zu deiner Familie keinen Zugang fand. Deine Mutter war eine Cherokee-Indianerin, dein Vater war aus Irland zugewandert. Zwei Welten sind da aufeinander geprallt. Du warst eine perfekte Mischung aus beiden, nicht nur äußerlich. Später fand ich raus, dass deine Familie über unsere Hochzeit erst durch ein Telegramm erfahren hat, das sie einen Tag vor unserer Ankunft erreichte.

In den 17 Jahren unserer Ehe sind wir 17-mal umgezogen, das war bei der Armee so üblich. Da blieb kaum Zeit, sich irgendwo einzuleben und Freunde zu finden. Ich fühlte mich oft fremd und allein gelassen. Du warst mir keine Hilfe. Dich hat es bloß genervt, wenn ich dich gebeten hatte, häufiger zu Hause zu bleiben, später auch wegen der Kinder. Aus dem netten, schüchternen Boy, in den ich mich in Deutschland verliebt hatte, war innerhalb weniger Wochen ein jähzorniger Macho geworden, ein Schläger, dem schon mal die Faust ausrutschte, wenn ihm was nicht passte, und dir hat viel nicht gepasst. Wie oft ich im Krankenhaus eine geplatzte Augenbraue wieder nähen lassen musste, kann ich überhaupt nicht zählen. Und wenigstens einmal pro Jahr hast du mit Scheidung gedroht. Das hätte für mich bedeutet, nach Deutschland zurückzumüssen, ohne die Kinder. Mit dieser Drohung hast du mich regelrecht terrorisiert und zum Gehorsam gezwungen. Als du nach Vietnam abkommandiert warst, ist es mir gelungen, die amerikanische Staatsbürgerschaft zu bekommen. Aber damit wurde alles nur noch schlimmer, denn jetzt konnte ich dir den Gehorsam verweigern. Um es kurz zu machen: Ich bin dann für fünf Jahre zurück nach Deutschland, die beiden Kinder habe ich mitgenommen. Um die hat sich meine Mutter gekümmert, während ich Geld verdiente. Du hast mich bekniet, wieder zurückzukommen, du hättest dich geändert, du wüßtest jetzt, dass du alles falsch gemacht hättest.

Skeptisch, aber voller Hoffnung bin ich wieder zu dir zurück. Du hattest dich nicht verändert. Als du wieder mit Scheidung drohtest, habe ich ja gesagt. Du warst so verdutzt, hast die Hand gegen mich erhoben, doch ich hatte gelernt, mich zu wehren. Das hätte ich schon viel früher tun sollen.

Die Kinder wurden dir zugesprochen. Dafür hast du vor Gericht viel schmutzige Wäsche gewaschen. Es ging dir nicht um die Kinder, du wolltest mich noch einmal schlagen – im übertragenen Sinne. Das war die schlimmste Verletzung, die du mir antun konntest.

Dass ich sie zurückbekam, verdanke ich Peter, meinem Mann seit 23 Jahren. Ich hatte ihn im Jahr unserer Trennung kennen gelernt. Er hat mich ermutigt, um sie zu kämpfen, stand mir in dieser Zeit liebevoll bei, denn es wurde ein harter Kampf. Es war aber auch ein harter Kampf für Peter, denn ich wollte keine Partnerschaft mehr. Ich wollte nie mehr Gefühle in einen Mann investieren. Ich habe mich lange gesträubt gegen diesen zärtlichen, geduldigen Mann, der meinen Kindern ein toller Vater wurde. Er hat mich gelehrt, Gefühle und Vertrauen wieder zuzulassen, dass Hingabe nichts mit Schwäche zu tun hat, sie im Gegenteil stark macht. Und stark bin ich heute – und weich, denn ich fühle mich geliebt und beschützt. Es ist Glück, unverschämtes Glück. Dass es das gibt, hätte ich mir noch nicht einmal in meinen Jungmädchenträumen vorstellen können. Ohne den Umweg über dich hätte ich es nicht erfahren können. Deshalb – danke!

Christel

FAZIT

Jungmädchenträume, die der Realität nicht standhalten konnten. Christel war in die Vorstellung verliebt, in ein fremdes Land auszuwandern, deshalb von ihren Freundinnen beneidet zu werden. Das hat ihre Gefühle zu dem Mann verklärt, hat ihn zum Märchenprinzen gemacht und verhindert, ihn in all seinen Facetten wahrzunehmen. Kein Mann, mag er sich noch so nett und schüchtern geben, wird über Nacht zum Macho und Schläger. Christel ist trotz der schockierenden Erfahrung, dass ihr Mann auch weniger sympathische Seiten hat, bei ihm geblieben, in der Hoffnung, er werde sich bessern. Diese Hoffnung hat sie auch in den fünf Jahren Trennung nicht aufgegeben, sonst wäre sie nicht mehr zu ihm zurückgekehrt. Erst nach der neuerlichen Enttäuschung war ihr klar, dass sie ihre Illusionen aufgeben und ein neues Leben ohne ihn anfangen muss.

FRIEDERIKE, 39, Journalistin,
mit 19 Verlobung mit Dieter, 22, Student,
Trennung nach 5 Jahren

Lieber Dieter,

ich fasse es nicht, deine Stimme auf meinem Anrufbeantworter zu hören. Nach all dieser Zeit! Es sind 15 Jahre und vier Monate her, dass wir das letzte Mal miteinander gesprochen haben. Ich weiß es deshalb so genau, weil es an meinem 24. Geburtstag war. Du hast mich damals um Verzeihung gebeten, hast geweint und gesagt, dass du ohne mich nicht leben könntest und dass du gar nicht weißt, wie das mit der anderen Frau passieren konnte. Ich habe wortlos den Hörer aufgelegt, ich konnte einfach nichts sagen, es gab nichts mehr zu sagen. Ich wusste damals, warum du dich mit mir versöhnen wolltest: Deine Geldquelle war versiegt.

Du hättest auf der Durchreise zufällig meinen Namen im Telefonbuch gefunden, hast du auf den Anrufbeantworter gesprochen und gemeint, du würdest dich freuen, wenn ich dich zurückrufen würde.

Den Gefallen werde ich dir nicht tun, mein Lieber. Ich wusste auch diesmal, warum du mich angerufen hast: Weil du nicht glauben mochtest, dass aus dem netten, braven Mädchen aus der Provinz eine Journalistin geworden ist, denn das konntest du dem Eintrag im Telefonbuch entnehmen.

Wie solltest du das auch wissen. Darauf hat in all unseren gemeinsamen Jahren – von meinem 18. bis 24. Lebensjahr – überhaupt nichts hingedeutet. Als wir uns begegnet sind, steckte ich mitten im Abitur. Du hast die paar Monate bis zu deiner Einberufung zur Bundeswehr mit Gelegenheitsjobs überbrückt, um Geld zu verdienen, weil du danach in München Architektur studieren wolltest.

Wie hatten wir uns das schön ausgedacht! Du studierst, und wenn du fertig bist, dann heiraten wir und gründen eine Familie, eine große Familie. Du wolltest immer mindestens vier Kinder, so wie dein großer Bruder. Irgendwie war mir davor ziemlich angst, denn ich konnte mir mich so gar nicht als Hausfrau und Mutter vorstellen. In meinen Jungmädchenträumen sah ich mich als Juristin, als taffe Staatsanwältin, erfolgreiche Anwältin, auch als Ärztin. Doch das blieben Träume, denn meine Eltern konnten ein zweites studierendes Kind finanziell nicht verkraften. Ohnehin war mein Vater der Ansicht, dass ein Studium rausgeschmissenes Geld sei, wenn man heiraten und Kinder haben wollte. Von deiner Seite kam keine Unterstützung. Eine studierte Frau, das ist mir erst viel später klar geworden, stand außerhalb deiner Vorstellung.

Und ich war ein so braves Schaf, habe nicht ein einziges Mal aufgemuckt. Ich war so erzogen worden, dass das, was Vater sagt, zu gelten hat. Diese männliche Autorität habe ich frag- und kritiklos auf dich übertragen.

Ich habe meine Träume klaglos begraben, fing auch keine Lehre an, wie mein Vater vorschlug, sondern wurde Sekretärin in einem Büro, weil ich dort mehr Geld verdiente. Und das brauchtest du dringend, als du zu studieren anfingst.

Ich arbeitete, langweilte mich in meinem Job zu Tode, sparte fleißig. Du bist selten in unsere kleine Stadt gekommen, höchstens alle vier Wochen. Dein Studium sei so zeitraubend, hast du mir erklärt, die Zugfahrt teuer, das Geld würdest du lieber für Lernmaterial ausgeben. Also verkniff ich mir so manchen Pullover, ein Abendessen mit Freundinnen.

Dass du deine Zeit und mein Geld in eine andere Frau investiert hast, habe ich erst ein Jahr später festgestellt, durch Zufall. Du hattest deinen angekündigten Besuch kurzfristig abgesagt. Irgendwie warst du komisch am Telefon und ich höchst besorgt, setzte mich ins Auto meines Vaters – ich hatte den Führerschein gerade mal zwei Wochen in der Tasche – und fuhr nach München. Doch im Studentenheim erfuhr ich, du bist nicht da. Ich habe im Auto auf dich gewartet, aufgeregt, ob dir wohl was passiert sein könnte. Kurz vor Mitternacht hielt ein Auto vor der Tür, mit dir stieg eine junge Frau aus, die du innig umarmt und geküsst hast. Ich war so perplex, dass ich erst reagieren konnte, als du schon im Haus verschwunden warst. Anstatt dir hinterherzurennen, dich zur Rede zu stellen, habe ich den Motor gestartet und bin die 300 Kilometer zurück nach Hause gefahren, unfähig, auch nur einen klaren Gedanken zu fassen. Ich habe einfach nur funktioniert, mich auf die Straße konzentriert. Daheim angekommen, habe ich mich übergeben und mich drei Tage lang mit hohem Fieber ins Bett gelegt.

Du hast angerufen, du hattest erfahren, dass ich in München war. Aber ich wollte nicht ans Telefon, wollte nicht mit dir sprechen. Vielleicht wollte ich die Wahrheit nicht hören.

Am Abend bist du plötzlich vor meinem Bett gestanden, hast gesagt, das sei alles ein großer Irrtum. Sie sei eine Kommilitonin, die dir bei einer schwierigen Aufgabe geholfen habe, deshalb hättest du sie auch so liebevoll, nein, dankbar umarmt.

Ich glaubte dir kein Wort. Aber du hast es verstanden, mich nach und nach wieder in Sicherheit zu wiegen. Du warst zärtlich wie schon lange nicht mehr. Und nichts war mir wichtiger als das: die Gewissheit, dass alles mit uns in Ordnung ist. Schließlich waren wir verlobt, so richtig offiziell mit Ring und großer Feier.

Als meine beste Freundin heiratete, hast du in der Kirche fest meine Hand gedrückt und geflüstert: »Das nächste Paar, das hier heiratet, sind wir beide.« Ich habe es nur zu gern gehört. Kein Wort mehr über das Vorgefallene. Bis zu dem Tag, an dem ich in deinem Jackett einen Brief und ein Foto fand. Bis dahin, ich schwöre, habe ich noch nie in einem fremden Kleidungsstück nach Beweismaterial gewühlt, und auch danach nie wieder. Aber als ich dein Jackett in den Schrank hängen wollte, war's als ob mir eine Stimme sagte: »Schau doch mal in seine Brieftasche.«

Es war das Foto jener Kommilitonin, die du in jener Nacht so »dankbar« umarmt hattest. Wenn ich in diesem Augenblick geglaubt hatte, eine Welt sei für mich zusammengebrochen, dann war das erst das Vorzimmer zur Hölle.

Zwei Wochen später war klar: Ich bin schwanger. Du hast mir ganz kühl erklärt: »Ich weiß nicht, wie das passieren konnte. Das Kind kann nicht von mir sein. Sieh zu, wie du damit klarkommst.« Dann hast du den nächsten Zug genommen und dich fortan in Schweigen gehüllt.

Der Rest der Geschichte ist dir bekannt. Ich habe das Kind abtreiben lassen. Auch diesmal standest du weinend vor meinem Krankenbett, hattest rote Rosen im Arm. Deine Erklärung: Du hättest unter Schock gestanden, hättest einfach falsch reagiert.

Was hätte ich drum gegeben, dir glauben zu können!

Es war das Ende unserer Beziehung, ich wusste es. Trotzdem wollte ich dir, mir, uns noch einmal eine Chance geben. »Ich will zu Dir nach München«, war meine Forderung. Und du hast zugestimmt, wenn auch nicht gerade freudig.

Ich fand einen Job in einem großen Unternehmen und ein Zimmer in einer Wohngemeinschaft. Damit hatten sich aber nur die äußeren Umstände verändert. Alles andere blieb beim Alten. Du hattest am Wochenende wenig Zeit für mich, du hocktest angeblich über Zeichnungen, Skizzen und Plänen. Ich streifte mutterseelenallein durch die Stadt. Und auf einem dieser Streifzüge bist du mir begegnet, eine hochschwangere Frau an deiner Seite.

Das war mein Glückstag. Das wirst du sicher nicht verstehen. Habe ich selbst ja viele Jahre gebraucht, es begreifen zu lernen.

Wie ich die ersten Wochen und Monate überlebt habe, weiß ich nicht mehr. Meine Seele war so wund, dass ich alle Emotionen unterdrückte, ich hätte sie nicht ausgehalten.

Meine Erinnerung setzt erst wieder an dem Tag ein, an dem ich es geschafft hatte, ein Volontariat bei einer großen Zeitung zu ergattern. Ich wollte meine eigenen Lebensträume wahr machen. Für ein Studium fehlte mir das Geld. Was ich wollte, war ein Beruf, der mich ausfüllte, der mich befriedigte, unabhängig machte von einer Zukunft an der Seite eines Mannes. Ich wollte *mein* Leben leben, nicht das eines anderen, wenn auch geliebten Menschen.

Es hat mehr als ein Jahr gedauert, bis ich wieder fühlen konnte. Das erste, was ich fühlte, war Wut, ungeheure Wut. Erst mal auf dich. In Gedanken habe ich dir die Krätze an den Hals gewünscht, hatte ich eine solche Lust, dich zu ohrfeigen, für deine Lügen, für deine Feigheit. Ich habe dich abgrundtief gehasst.

Und ich habe mich gehasst für meine Feigheit. Für meine Feigheit davor, dir Paroli zu bieten, genau hinzusehen und Konsequenzen zu ziehen. Für meine Feigheit, dich zu verlassen, weil ich Angst vor dem Alleinsein hatte. Weil ich mich ohne einen Mann an meiner Seite nur »halb« und nicht ganz gefühlt hätte. Ich hasste mich für meine Feigheit, meine Opferrolle aufzugeben.

Unsere gemeinsame Geschichte erscheint mir heute wie eine Erzählung aus einem früheren Leben. Sie hat so gar nichts mehr zu tun mit der Frau, die ich heute bin. Doch die bin ich durch dich geworden, auch wenn du davon nichts ahnst und es auch mir lange nicht klar war. Du hast mich aus meinem Dornröschenschlaf erweckt. Du hast mich – unabsichtlich – gezwungen, mir über meine Lebensträume, mein eigenes Lebenskonzept Klarheit zu verschaffen. Ich könnte auch sagen, mich selbst zu entdecken. Das war ein langer, langer Weg, oft schmerzhaft und mit vielen Rückfällen gepflastert. Doch wenn ich heute sagen kann, ich bin eine erfüllte, glückliche Frau, dann bist du daran nicht ganz schuldlos.

Solltest du noch einmal anrufen, dann würde ich dir das sagen. Sagen können und gern sagen wollen.

Friederike

Fazit

Alle warnenden Rotampeln überfahren. Nur zu gern ließ sich Friederike immer wieder in vermeintlicher Sicherheit wiegen. Aus Angst, Konsequenzen ziehen zu müssen – das hätte Trennung bedeutet –, hat sie verdrängt, dass ihr Partner weder seinen Seitensprung zugab, sie finanziell ausnutzte und nicht einmal zu seiner Vaterschaft stand. Das hätte ihr deutlich zeigen müssen, wie er zu ihr und zum Thema Verantwortung stand. Friederike hatte sich noch nicht von der väterlichen Autorität befreit und verhielt sich ihrem Partner gegenüber noch immer wie ein braves Kind, das sich wider besseres Wissen in Wohlverhalten übt, um ja Papas Liebe und einen vermeintlich geschützten Raum nicht zu verlieren.

KATHARINA, 35, Software-Entwicklerin,
10 Jahre Ehe mit Friedrich, 35,
Trennung nach 12 Jahren,
Scheidung eingereicht,
2 Kinder, 12 und 9 Jahre alt

Friedrich,

dich mit »lieber Friedrich« anzureden fällt mir schwer. Denn
»lieb« bist du weiß Gott nicht, »mein Lieber« ohnehin schon lange nicht mehr. Als ich heute Abend nach Hause kam, war Richard
völlig durch den Wind, total aggressiv, und ich wusste sofort, dass
du wieder mit dem Jungen telefoniert hast. Wenn du deine Wut
loswerden willst, dann setz dich bitte mit mir auseinander. Aber
das scheust du, denn ich bin dir heute eine ebenbürtige Partnerin,
nicht mehr das folgsame Eheweib. Deshalb gehst du den beque-
meren Weg und spielst deine Macht an einem Kind aus, an einem
neunjährigen Kind! Fühlst du dich dabei nicht ziemlich mies?

Ich fürchte, nicht einmal dazu reicht deine Einsicht. Wie traurig! Traurig für dich, vor allem aber für die Kinder. Ist dir eigentlich klar, welches Mann-Bild du ihnen mit deinem Verhalten
vermittelst? Könntest du bitte einmal, wenigstens einmal, an jemanden anderen denken als an dich selbst? Friedrich, du bist ein
erwachsener Mann, inzwischen 35 Jahre alt, willst du dich ewig so
benehmen als wärst du noch immer 22?

Damals konnte ich dir deine Unreife verzeihen, verstand ich
vom Leben ja so wenig wie du. Ich sehe dich vor mir, wie du in unserer Anfangszeit stundenlang in meiner Küche rumgewuselt
bist, um Ordnung in das Chaos zu bringen. Dabei hast du unent-
wegt von deiner verflossenen Verlobten erzählt und was für eine
tolle Frau sie doch war – bis auf eines: Sie hat dich sitzen lassen.

Friedrich den Großen verlässt man doch nicht! Hätte mich eigentlich stutzig machen müssen, doch damals wusste ich noch keine Antwort auf deine löchernde Frage: »Warum ist Elke gegangen, begreifst du das?«

Meine Beziehung war gerade ebenfalls in die Brüche gegangen. Mit Dirk, deinem besten Freund. Ach, hätte dieses Scheusal doch das Bad hinter sich abgeschlossen. Dann wäre der Schock wenigstens nicht ganz so groß gewesen. So aber platzte ich völlig ahnungslos hinein, erwischte ihn und dieses Mädchen beim ältesten Spiel der Menschheit. Was ich empfand, kann ich nicht in Worte fassen. Der Schmerz war so groß und tief, wie ich ihn bis dahin nicht kannte.

Es war unendlich tröstlich, dich an meiner Seite zu wissen. Im Grunde haben wir uns gegenseitig einen Rettungsring zugeworfen. Ja, und dann stellte sich heraus, dass meine hartnäckige Magenverstimmung keine Magenverstimmung war: Ich war schwanger von Dirk, der längst mit Sack und Pack ausgezogen war.

Nachts träumte ich tausend Geschichten von allein gelassenen Müttern. Wie soll das bloß weitergehen, habe ich mich ständig gefragt. Und dabei freute ich mich doch sehr auf dieses kleine Wesen in mir.

Du, Friedrich, kamst damals als Freund. Das heißt, als Dirks Freund. Um mir zu sagen, wie fies du sein Verhalten findest. Es hat lange gedauert, bis wir uns beide die ganze Enttäuschung und den Zorn über unsere Expartner von der Seele geredet haben. Aber das machte uns frei füreinander. Eines Tages bist du dann einfach geblieben und hast Pauline aus meinem Bett vertrieben. Sie passte damals noch bequem in ihr Babykörbchen. Nach einigen lautstarken Protesten hat sie das akzeptiert, und das erste Wort, das sie sprach, war »Papa«.

Was ich dir bis heute hoch anrechne: Du hast mir geholfen, den Alltag mit Job und Baby in den Griff zu bekommen. Kam ich – wie so oft – zu spät aus der Firma gehetzt, hattest du Pauline schon von der Tagesmutter abgeholt, gefüttert und ins Bett gebracht. Dafür habe ich manchmal bis tief in die Nacht hinein die Mathe-Arbeiten deiner Schüler korrigiert oder dir bei den Vorbereitungen auf die Unterrichtsstunden geholfen. Wir waren ein gutes Team.

Dass Pauline nicht deine Tochter ist, haben lange Zeit außer meiner Mutter nur ganz wenige Leute gewusst. Das wolltest du so. Wir sollten von Anfang an eine richtige Familie sein. Das hat mir gut getan, und ich habe mich bei dir geborgen gefühlt.

Nein, Liebe auf den ersten Blick war das wohl nicht bei uns beiden, nicht mal auf den zweiten. Aber es war aufrichtige Freundschaft. Und daraus entstand irgendwann Liebe. Bei mir war das jedenfalls so. Sonst wäre Richard, Paulinchens Bruder, nicht da. Meine Entscheidung für ein zweites Kind fiel aus Liebe zu dir.

Mein Kleid aus weißer Spitze spannte schon etwas, als wir geheiratet haben. Auf die Einladungskarten zur Hochzeit malten wir einen prächtigen Storch mit Bündel im Schnabel und darunter schrieben wir: »Wir wollen schnell noch heiraten.«

Heute weiß ich: Die Zeit bis zu unserer Hochzeit war unsere beste.

Warum hat sich danach deine Haltung zu mir eigentlich so gravierend geändert? Natürlich war ich einverstanden, dass ich nach Richards Geburt erst einmal zu Hause bleibe und meinen Job an den Nagel hänge. Du würdest genug für uns vier verdienen, hast du großspurig von dir gegeben. Und immer mehr hast du dich auch wie ein Ernährer benommen. Du warst der Herr im Haus, hast uns allen gesagt, wo's lang geht. Sogar Pauline maulte rum und beschwerte sich: »Immer will Papa der Bestimmer sein.« Die Autos, die du dir im raschen Wechsel angeschafft hast, um dein Selbstwertgefühl aufzupolieren, wurden von Mal zu Mal größer – und teurer. Für den letzten Wagen hast du sogar noch mein Auto in Zahlung gegeben, einfach so, ohne vorher mit mir darüber zu reden. Du warst der Herr im Haus!

Mir blieb ja noch das alte Fahrrad. Damit strampelte ich mit Richard zum Kinderarzt, fuhr zum Supermarkt und Pauline zu Freundinnen. Du dagegen hattest immer weniger für deine Familie übrig. Dreimal in der Woche warst du abends wieder beim Handballtraining, wie in deiner Studentenzeit. Danach ging's meistens noch auf ein Bier um die Häuser. Und wenn du dann zu Hause eingeflogen bist, hast du mich ungehalten von oben bis unten gemustert. Flecke von Richards Mohrrübenbrei auf meiner Bluse, zerzauste Frisur. »Wie siehst du denn wieder aus?« Das war alles, was du zu sagen hattest. Dabei war ich so gierig danach, dass du mir von deinen Erlebnissen vom Tage erzählst. Egal was, ich hätte wenigstens auf diese Weise ein wenig Anteil genommen am Leben da draußen.

Nicht einmal ein Lastesel kann von früh bis spät Säcke schleppen. An manchen Tagen taten mir die Knochen so weh, als müssten sie eine Zentnerlast tragen. Ein bisschen Sport und Entspannung wären gut, dachte ich. Doch ich hatte nicht mal Zeit, in den Frühling hinauszulaufen, den Duft der Blumen zu erschnuppern und den kühlen Tau im Gras vor unserem Haus unter meinen Füßen zu spüren.

Trotzdem: Den Kindern zuliebe habe ich das alles ausgehalten. Vielleicht wäre das wohl immer noch so, wenn nicht ein Zufall die Weichen anders gestellt hätte. Was für ein gnädiges Schicksal!

Das war, als Richard bereits in die zweite Klasse ging. Ich hatte in der Zwischenzeit einige Abendkurse belegt, um beruflich fit zu bleiben. Nun sollte ich drei Monate zum Praktikum und erhoffte mir davon einen Neustart ins Berufsleben. Alles lief gut, auch du hattest nichts dagegen, wenn deine Frau künftig ein wenig dazu verdient. Und dann: Eine bekannte Computer-Firma im Norden wollte mich tatsächlich nehmen. Das hieß: 500 Kilometer weit von uns weg. Das war nun gar nicht nach deinem Geschmack. Diesmal jedoch habe ich mich durchgesetzt. Ich fand, jetzt war ich einfach dran.

Was für eine Chance: Ich bekam noch während des Praktikums eine Festanstellung in dieser Firma angeboten, mit einem Traumgehalt! »Mach doch«, hast du gesagt. »Komm doch nach«, meinte ich, »Lehrer werden doch überall gesucht.« »Vielleicht«, hast du geantwortet. Ich war sicher, wir würden dir fehlen und du würdest nachkommen.

Also habe ich in der neuen Stadt eine große Wohnung gesucht, die Kinder in der Schule angemeldet und den Umzugswagen bestellt.

Dann ging der Terror los. Dass du unser Konto abgeräumt und alles verpulvert hast, verzeihe ich dir. Dass ich mir sozusagen als Einstand bei den neuen Kollegen Geld pumpen musste, um die Mietkaution bezahlen zu können – vergessen! Dass du den Vermieter angerufen und ihm gesagt hast, du würdest als Ehemann keine Verantwortung übernehmen – ich habe vor Scham geheult. Aber egal. Dass du angeblich aus Versehen meinen Schmuck weggeworfen hast – nein, das glaube ich dir nicht. Auch das vergessen!

Aber was ich dir nie im Leben verzeihe: Wie du die Kinder für deine Zwecke missbrauchst. Insbesondere Richard. Du hetzt ihn richtig gegen mich auf. Nach jedem Telefonat mit dir schmeißt er nur noch mit seinen Sachen rum und redet nicht mehr mit mir, tagelang. Auch in der Schule hat er nachgelassen und findet das obercool. Pauline dagegen hat sich von dir zurückgezogen. »Papa ist gemein«, hat sie mal geweint. Einmal hat sie beim Frühstück ihren rummotzenden Bruder angefaucht: »Du bist genauso fies wie dein Vater!« Genau das waren ihre Worte, Friedrich.

Was du damit bezweckst, weiß ich nicht. Vielleicht hoffst du ja, dass ich es allein nicht schaffe und reumütig zu dir zurückgekrochen komme. Das wird nicht klappen, das schwöre ich dir. Nie, nie, nie! Da kannst du noch tausendmal über meine Mutter ausrichten lassen, ich sei noch immer deine Traumfrau. Weißt du, was du bist? Perfide bist du, ein Macho, der sich wie Rumpelstilzchen gebärdet, weil seine Frau nicht mehr länger gehorsam ist.

Ich habe die Scheidung eingereicht, nach zehn Jahren Ehe, nach verzweifelten Versuchen, noch alles zu retten. Ich habe resigniert, und ich möchte endlich dieses Kapitel meines Lebens abschließen. Doch wenn ich nachts manchmal wach liege, frage ich mich, ob Geschiedene, also auch wir zwei, es irgendwann schaffen, eine vernünftige menschliche Beziehung herzustellen? Auch wenn es dem einen Partner möglich ist, nützt es nichts, wenn der andere sich dagegen sträubt.

Deshalb bitte ich dich, mit deinen Spielchen aufzuhören. Lass Richard in Ruhe, du zerstörst seine zarte Kinderseele. Versuche lieber, Richard und Pauline ein liebevoller »Long-distance-Papa« zu werden.

Ich reiche Dir die Hand zur Versöhnung, Friedrich. Nein, nicht weil ich alles vergessen hätte, was mich einmal so sehr schmerzte. Nein, sondern weil es so geschmerzt hat: Dieser Schmerz hat mich eines gelehrt: wieder zu leben!

Ich genieße den Tag, ich bin glücklich und voller Tatendrang. Ich hole viel Kraft aus meiner Arbeit und aus dem Zusammensein mit den Kindern. Wir fahren am Wochenende oft an die See, tauchen und toben wie die Wilden. Oder wir belauschen die Gespräche, die der Wind mit den Wellen führt. Wenn du nicht gerade mal wieder dazwischen gefunkt hast, sind wir eine verschworene Bande, zu vielen Streichen aufgelegt. Ich bin wieder so richtig jung und lebendig geworden. Doch die meiste Kraft ziehe ich aus meiner Unabhängigkeit von dir, aus der Freiheit, dass mir keiner mehr sagt – und sagen darf –, was ich tun und lassen soll. Das weiß ich selbst.

Ich habe mich sehr mit der Frau angefreundet, die ich geworden bin. Ich fühle mich »ganz«, auch ohne Mann an meiner Seite. Einen solchen wird es eines Tages bestimmt wieder geben, morgen, in einem Jahr, in fünf Jahren.

Er wird ganz anders sein als du, und dennoch hat er etwas mit dir zu tun. Er wird sich in eine Frau verlieben, die du – völlig unbeabsichtigt – gezwungen hast, ihre Träume, ihre Stärken zu entdecken und sie zu leben.

Katharina

FAZIT

Aus Liebe wurde Feindschaft, weil Katharina die Dankbarkeit aufkündigte, auf die diese Partnerschaft zu großen Teilen basierte. Katharina und Friedrich brauchten einander, als ihre Beziehung zu jeweils anderen Partnern in die Brüche gegangen war. Friedrich übernahm die Vaterrolle für Katharinas Baby. Ein gemeinsames Kind kam – für Katharina war das der Liebesbeweis für den Mann, der sie vor dem Schicksal einer allein erziehenden Mutter bewahrt hat. Und den sie zwischenzeitlich lieben lernte. Doch dann wollte Katharina raus aus der Rolle der Dankbaren, raus aus der Rolle in der zweiten Reihe, wollte zurück in den Beruf, wollte ein eigenständigeres Leben führen. Friedrich versuchte, ihre Schritte zu boykottieren. Diese »neue« Frau war ihm fremd, nahm ihm viel von seiner Sicherheit, seiner Dominanz. Er weigerte sich, die Rolle des großen Beschützers aufzugeben und Katharina als gleichberechtigte Partnerin zu akzeptieren.

Isolde, 50, Kunsthändlerin,
5 Jahre Ehe mit Heiko, 59,
Scheidung nach 6 Jahren,
1 Sohn, 18 Jahre alt

Lieber Heiko,

verrückt, dass ich noch immer an unseren Hochzeitstag denke. Du wirst diesen Tag längst vergessen haben oder verdrängt. Deine beiden Ehen vorher hast du ja auch »vergessen«, hast mir nichts erzählt, nicht einmal dann, als wir beschlossen hatten zu heiraten. Davon erfahren habe ich es auch nicht von dir, eine deiner Bekannten hat das so nebenbei erwähnt – passenderweise in der Toilette eines Restaurants.

Was für ein Schock! Deine Reaktion war nicht minder schockierend. Soll ich etwa mit einem Schild rumlaufen, hast du mich gefragt, auf dem steht: »Ich bin zweimal geschieden?« Und ich Schaf beruhigte mich mit dem Gedanken, wenn ein Mann schon zwei Ehen hinter sich hat und ein drittes Mal heiraten will, dann wird er sicher alles tun, damit diese Beziehung gut geht.

Du hast eben immer die richtigen Dinge gesagt, genau das, was ich hören wollte: »Ich liebe dich, ich werde dich immer lieben, ich möchte Kinder von dir.« Dass wir vor unserer Hochzeit mehr über die Einbauwand in unserer Wohnung sprachen als darüber, wie unsere Beziehung aussehen sollte, ist mir damals überhaupt nicht aufgefallen. Wozu auch? Ich dachte immer, du musst so empfinden und fühlen wie ich, auch wenn wir darüber keine Worte verlieren.

Den Mund aufzumachen habe ich im Laufe der Zeit gelernt, es hat bloß nichts genützt. Ich habe dich mit dem berühmten »Du verstehst mich einfach nicht!« genervt. Es lag nicht daran, dass ich mich zu kompliziert ausgedrückt hätte, wir sprachen einfach zwei unterschiedliche Sprachen. Ich hatte damals noch nicht begriffen, was es bedeutet, wenn zwei Menschen nicht aus dem gleichen Milieu kommen.

Ich habe vor dir auch noch keinen Mann gekannt, der leidenschaftlich gern Handball spielt, wusste also nicht, dass du dreimal die Woche trainierst und dich dann mit deinen Sportsfreunden in der Kneipe voll laufen lässt und der Frühschoppen am Sonntagmorgen bis zum späten Abend dauert, während ich am Herd stehe und mit dem Essen auf dich warte. Wir lebten in zwei vollkommen verschiedenen Welten. Das kapierte ich aber erst nach unserer Hochzeit. Vorher sahen wir uns nur besuchsweise am Wochenende. Wollte ich in eine Kunstausstellung, fragtest du beispielsweise: Wer ist Dix? Wer ist Klee? Hörte ich klassische Musik, hast du wortlos den Ton abgedreht oder hast Knatsch angefangen.

Knatsch aus dem Nichts heraus, das war typisch für uns. Wie oft haben wir tagelang nicht miteinander gesprochen – wegen nichts! Wir stritten nie aus einem wichtigen Grund. Erst spät habe ich kapiert, dass du mit diesem Krach schlagen deine Unsicherheit kaschierst.

Unser erster Urlaub zum Beispiel, da kannten wir uns gerade drei Monate, war ein einziges Chaos. Ich wollte nach Südfrankreich, hatte aber nicht bedacht, dass du nicht Französisch sprichst und ich deshalb alles organisieren musste, du aber nur über alles gemotzt hast. Ich spreche diese Sprache fließend, weil ich in Genf studiert und gearbeitet habe, bevor wir beide uns im Urlaub auf einer Nordsee-Insel über den Weg gelaufen sind. Du warst »nur« Versicherungskaufmann, ein erfolgreicher zwar, aber du hattest trotzdem Komplexe. Wäre ich damals nicht so verliebt in dich gewesen, hätte mir auffallen müssen, dass du immer dann wütend wurdest, wenn ich etwas besser konnte als du.

Für mich war das eine neue Erfahrung, denn die Männer, die ich bis dahin kannte, fanden mich gut, hatten nie versucht, mein Selbstbewusstsein zu demontieren. Aber keiner sah so gut aus wie du, und keiner war besser im Bett. Wir hatten guten Sex zusammen, auch das bindet.

Nach der Hochzeit wollte ich so schnell wie möglich schwanger werden. Auch dann noch, als ich bereits nach einem halben Jahr sicher war: Unsere Ehe dauert nicht lang. Ich war schon 28 und mir war klar, bis ich einen anderen Mann finde, in den ich mich verlieben und den ich mir als Vater für meine Kinder vorstellen könnte, würden Jahre vergehen. Dann wäre es zu spät. Vielleicht, so meine Hoffnung, würdest du dich ändern, wenn du erst den Sohn hättest, den du dir gewünscht hast.

Doch ich wurde jahrelang nicht schwanger. Heute denke ich, dass kein Kind in eine Ehe will, in der Streit an der Tagesordnung und von Liebe längst keine Rede mehr war. Du warst strikt dagegen, dass ich mir endlich eine Arbeit suche. Dann hättest du nämlich die Kontrolle über mich verloren. Du hast es nicht einmal zugelassen, dass ich allein zu meinen Eltern fahre. Sie mochten dich nicht, und du mochtest sie nicht. Und als ich es eines Tages dann doch getan habe, war unsere Wohnungstür bei meiner Rückkehr von innen verschlossen. Du hast sie nicht aufgemacht, nur gebrüllt: »Meine Frau tut, was ich sage!« Jeden Schritt in die Freiheit hast du zu vereiteln versucht. Aus lauter Angst, ich könnte dich verlassen. Nicht dass du mich noch geliebt hättest, aber dein Ego hätte es nicht ertragen, verlassen zu werden.

Hysterisch hast du mich genannt, als ich eines Morgens aufwachte und über und über mit roten Pusteln übersät war und du mich deshalb ins Krankenhaus bringen musstest. Die Diagnose: rein psychosomatisch. »Sie können sich Ihrer Haut wohl nicht erwehren«, sagte der Arzt.

Wie Recht er hatte! Denn kaum war ich endlich, endlich

schwanger, verschwanden die Pusteln. Ich habe nie mehr welche bekommen.

Als ich darauf bestand, mit dem Baby meine Eltern zu besuchen, hast du dich wie ein Irrer aufgeführt. Was muss eigentlich noch alles passieren?, fuhr es mir durch den Kopf. Ich schnappte den Jungen, fuhr mit dem Kinderwagen ziellos durch die Stadt. Du immer hinterher, ohne ein Wort zu sagen. Nicht mal der mieseste Drehbuchautor würde sich die folgende Szene einfallen lassen, doch sie spielte sich wirklich so ab: Ich stand plötzlich vor einem Haus, sah das Schild »Rechtsanwalt«, drückte die Klingel, du immer noch hinterher. Im Vorzimmer stammelte ich etwas von »Notfall«, und schon saß ich einem Anwalt gegenüber. Du bist noch bis in dieses Zimmer mitgekommen, dann hast du auf dem Absatz kehrtgemacht.

Nach diesem Anwaltsgespräch suchte ich Schutz bei meinen Eltern. Ich blieb drei Monate. Telefonterror! Seit dieser Zeit weiß ich, was das bedeutet. Trotzdem bin ich – ohne das Kind – noch einmal zu dir zurück. Ich wusste, dass du ein paar Tage später zu einem Fortbildungsseminar fahren musstest. Das war meine Chance. Ich gab dir einen Kuss, als du ins Auto gestiegen bist. Ich wusste, das ist mein Abschied. Der Scheidungsrichter hat diesen Kuss später als Hinterlist bezeichnet ...

Ich packte das Nötigste zusammen, rief meinen Vater an: »Hol mich ab.« Bücher, Geschirr, Schallplatten, das alles habe ich zurückgelassen.

Du hast sofort die Scheidung eingereicht, so sehr war dein Stolz verletzt.

Meine Eltern haben mich aufgefangen, mich auch mit Geld unterstützt, denn von dir war keine Mark zu erwarten, ich wollte auch nicht weiter mit dir streiten. Es spielten sich trotzdem schlimme Szenen ab, weil du auf deinem Besuchsrecht bestanden hast, aber unser Sohn immer schrie und weinte, wenn er dich sah. Dabei hätte das Kerlchen so gern einen Vater gehabt. Als er vier war, hat er sogar Männer in der Straßenbahn angesprochen: »Möchtest Du mein Papa werden?«

Als er sieben war, hast du darauf bestanden, dass er die Ferien mit dir und deiner neuen Partnerin verbringt. Zwei Tage später hast du ein völlig verstörtes Kind zurückgebracht, hast mir vorgeworfen, ich hätte den Jungen gegen seinen Vater aufgehetzt.

Ich habe unserem Sohn gegenüber nie ein böses Wort über dich gesagt. Ich wollte, dass er sich sein eigenes Urteil bildet. Das hat er. Es ist im Laufe der Jahre, nach einigen Begegnungen mit dir, nicht zu deinen Gunsten ausgefallen.

Verzeih, wenn ich mich darüber freue. Ich hatte oft Angst, er könnte werden wie du. Er sieht dir immer mehr ähnlich, er hat die gleiche Mimik, die gleiche Gestik wie du. Ich hätte Probleme bekommen, wenn er auch charakterlich dein Ebenbild geworden wäre. Er hat eher Züge von mir. Ich erkenne mich in ihm. Er ist, wie ich damals war: offen, idealistisch, vom Guten im Menschen überzeugt. Seine Seele wird noch so manchen blauen Fleck abbekommen, aber er wird seinen Weg machen. So wie ich den meinen gemacht habe.

Wäre ich bei dir geblieben, wäre ich heute eine ge- und zerbrochene Frau. Durch die Trennung hast du mich mit dem nötigen Rüstzeug ausgestattet, meinem Leben eine 180-Grad-Wende zu geben. Das hat Tausende von winzig kleinen Schritten erfordert. Aber ich bin angekommen. Mit dem Kind allein dazustehen, die berufliche Situation in den Griff zu bekommen war alles andere als leicht. Doch ich habe in dieser Zeit eine meiner größten Stärken entdeckt: Wenn es Probleme gibt, bin ich unglaublich kreativ. Da kommen mir tausend Ideen, wächst mir Kraft zu.

Es hätte mir nie wieder passieren können, dass ein Mann über mein Leben bestimmt, so wie du das gemacht hast. Eher hätte ich das Alleinleben vorgezogen. Das habe ich dann auch viele Jahre lang, weil ich mir selbst noch nicht so richtig traute, ob ich schon stark genug bin, das zu verhindern. Heute kann ich's.

Alles Liebe

von deiner
Isolde

FAZIT

Liebe versetzt Berge, kann gesellschaftliche Gräben überwinden, glaubte Isolde. Das kann aber nur dann funktionieren, wenn sich beide Partner für die Welt des anderen interessieren und sie ein Konzept entwickeln, wie sie eine Brücke von der einen zur anderen Welt schlagen können. Das haben Isolde und Heiko versäumt. Ohnehin stand die Beziehung von Anfang an auf einem brüchigen Fundament. Heiko verschwieg, dass er schon zwei Ehen hinter sich hatte. Isolde glaubte, was viele Frauen glauben, dass ihr Mann die gleichen Gefühle und Gedanken habe wie sie, und sie deshalb nicht darüber sprechen müsse. Heiko reagierte seine Minderwertigkeitskomplexe gegenüber seiner Frau ab, indem er Streit provozierte. Isolde harrte dennoch in dieser gespannten Atmosphäre aus, weil sie unbedingt ein Kind haben wollte und Angst hatte, ihre biologische Uhr wäre abgelaufen, bevor sie einen passenden anderen Mann findet.

PATRICIA, 51, Reiseleiterin,
15 Jahre Ehe mit Pierre, 58,
Scheidung nach 18 Jahren,
3 Kinder, 17–25 Jahre alt

Lieber Pierre,

es muss eine Ewigkeit her sein, seit ich dich das letzte Mal »lieber Pierre« genannt habe. Wenn ich an dich dachte, lagen mir ganz andere Namen auf der Zunge. »Miststück« war noch einer der freundlichsten. Heute würde mir noch nicht einmal mehr dieses Wort über die Lippen kommen. Es wäre mir die Mühe nicht mehr wert. Was nicht heißt, dass du diesen Namen nicht verdienen würdest. Ach, lassen wir das – ist Schnee von gestern.

Schnee. Was für ein wundersames Wort. Es ist so doppeldeutig, spielte eine so doppeldeutige Rolle in unserem Leben. Wir lernten uns beim Ski fahren kennen, haben diesen Sport extrem betrieben. Wir fürchteten uns vor nichts. Im Gegenteil. Es war Nervenkitzel pur, wenn wir abseits der präparierten Pisten die Hänge hinunterstürzten, wohl wissend, dass uns jederzeit eine Lawine verschütten könnte. Wir waren jung, unerfahren und ungeheuer »mutig«, heute würde ich sagen: schlicht grenzenlos dumm. Wir sind heil davongekommen.

Was uns fast das Leben gekostet hätte, war keine Lawine aus Schnee. Es war »Schnee« der anderen Art, unter der unsere Familie zu ersticken drohte. Du hast dafür einen hohen Preis bezahlt – du hast deinen Job verloren, eine hochbezahlte Stelle –, bist vorbestraft, warst auf Entzug. Keine Ahnung, ob du es wirklich auf Dauer schaffen wirst, diesem Teufelszeug abzuschwören. Das ist nicht mehr meine Sache.

Wir haben genug gelitten, deine Kinder und ich. Wir sind durch die Hölle gegangen deinetwegen. Erst hast du deinen Job verloren, dann stand die Polizei vor der Tür. Du warst damals so zugekifft, dass du gar nicht mitgekriegt hast, was eigentlich Sache ist. Du hast tausendmal versprochen, mit Drogen aufzuhören, hast auch zweimal einen Entzug gemacht. Du bist rückfällig geworden. Die Hölle, für dich und für uns. Ich litt in dieser Zeit unter schlimmsten Herzrhythmusstörungen, wurde zweimal mit Tatütata in die Klinik gebracht.

Die Hölle, ich erwähnte es schon. Selbst in einer Großstadt bleibt Nachbarn nicht verborgen, wenn ein Familienvater wegen Drogen vor Gericht kommt. Am meisten hat unsere Jüngste unter diesen Umständen gelitten. Sie war damals 13, ein ohnehin schwieriges Alter. Sie schrieb eine Fünf nach der anderen. Die beiden Großen gingen ihre eigenen Wege, kamen eigentlich nur noch zum Essen nach Hause und wenn sie frische Wäsche brauchten.

Ich spielte die Starke. Einer musste das ja sein, dachte ich. Mich plagten solche Schuldgefühle, dass die Jugendzeit der Kinder mit solch einer schlimmen Familiengeschichte belastet ist. Und dass ich das nicht ändern konnte. Aber wie hätte ich?

Ich versuchte mit allen Mitteln, den Kindern eine halbwegs heile Welt zu bieten. Aber wir waren längst keine Familie mehr. Die beiden Großen zogen aus, sie wollten endlich ein eigenes Leben. Die Kleine, inzwischen 15, schwänzte die Schule, wurde von der Polizei aufgegriffen. Ich hatte eine solche Angst, dass sie in die Drogenszene abrutscht. Sie in ein Internat zu geben schien mir die einzig richtige Lösung zu sein. Nachdem sie dort zweimal ausgebüxt war, fühlt sie sich dort nun sehr wohl.

Ja, lieber Pierre (ja, ausdrücklich noch einmal »lieber Pierre«), das war dann der Moment, in dem ich in über 15 Jahren Ehe zum ersten Mal an mich gedacht habe. An mich! Kannst du dir kaum vorstellen, oder? Habe ich bisher auch nie getan.

Als wir geheiratet haben, hattest du bereits eine viel versprechende Karriere an der Uni vor dir. Ich hatte eine Ausbildung als Reiseverkehrskauffrau hinter mir (so nennt man das heute), sprach zwei Fremdsprachen, war ein bisschen in der Welt herumgereist. Danach? Danach habe ich drei Kinder großgezogen, einen Mann in seiner Karriere unterstützt, habe deine Kollegen bekocht, für sie große und kleine Feste arrangiert, wann immer du einen beruflichen Erfolg zu feiern hattest, habe zu dir gehalten, als dein Drogenproblem für mich zum ersten Mal spürbar wurde, habe unsere restliche Familie zusammengehalten, so lange es ging.

Nur – mir ist nichts geblieben. Nichts von meinen Träumen, eine funktionierende Ehe und Familie zu haben. Nichts von meinen Träumen als junge Frau, die Welt von Ost nach West und von Nord nach Süd zu bereisen. Meine Mutter war eine so genannte »Trümmerfrau«. Sie hat nach dem Krieg mitgeholfen, die Trümmer wegzuräumen, damit wieder etwas neu gebaut werden konnte. Dieses Bild hatte ich so deutlich vor Augen, als ich vor dem Nichts stand, vor den Trümmern meines bisherigen Lebens.

Es gibt keine Zufälle. Für diese Einstellung hast du mich oft ausgelacht. Ich glaube nach wie vor daran. Vor etwa zwei Jahren habe ich die Kleinanzeigen der Tageszeitung durchgelesen und fand dort die Annonce: Hausdame für eine Gästefarm in Namibia gesucht.

Danach ging alles ganz schnell: Zwei Wochen später saß ich im Flieger in Richtung Afrika. Unsere Kinder haben mich zum Flughafen begleitet und immer wieder gesagt: »Mama, du bist verrückt!« Sie haben es mir einfach nicht zugetraut, dass ich einen solch großen Sprung wage, nicht nur den in eine mir fremde Welt, sondern den Sprung in die so genannte Freiheit, weg vom Herd, weg vom zermürbenden Leben einer Hausfrau.

Ich war sicher, das war der richtige Schritt zur richtigen Zeit. Auf dieser Farm war ich für die Betreuung der Gäste zuständig. Drei Monate lang, länger ging leider nicht, denn ich hatte nur ein Touristen-Visum.

Ich war noch keine zwei Wochen dort, als ich eines Morgens aufwachte, und wusste, ich könnte nie mehr in mein altes Leben zurück. Nein, nicht weil die Kinder zwischenzeitlich aus dem Haus sind, du ohnehin. Meinetwegen. So viel Leben wie in diesen zwei Wochen inmitten dieser fremden Wildnis hatte ich in den letzten 20 Jahren nicht mehr in mir gespürt. Dieses Lebendigsein wollte ich mir nie mehr nehmen lassen.

Zurück in Deutschland, habe ich als Erstes noch einmal Fahrstunden genommen, mir ein klappriges altes Auto gekauft, um unabhängig zu sein, meine alten Sprachkurs-Platten aufgelegt und so ungefähr vier Dutzend Reisebüros in der Stadt abgeklappert, auf der Suche nach einem Job.

No Chance – zu alt, zu lange aus dem Job. Diese Aussage kam keineswegs unerwartet, hat trotzdem sehr an mir genagt, mich aber nicht entmutigen können. Auf meine kleine Anzeige in der Zeitung haben sich drei Interessenten gemeldet.

Seit einigen Monaten begleite ich kleine Reisegruppen kreuz und quer durch die Welt. Der ersten Gruppe habe ich Wien gezeigt – ich war nie dort, habe mir aber vorher circa acht Kilo Lektüre einverleibt –, neulich kam ich von Südamerika zurück.

Pierre, lieber Pierre, das ist das Leben, das mir die Luft zum Atmen gibt. Ich war gern an deiner Seite, ich liebe unsere Kinder, und ich hätte mich bis vor ein paar Jahren nie darüber beklagt, »nur« Hausfrau und Mutter zu sein. Dass es auf die Dauer nicht gereicht hätte, weiß ich heute. Ich brauche diese Herausforderung, ich brauchte Erfolgserlebnisse. Aber vor allem brauchte ich die Erfahrung, dass ich mein Leben selbst in die Hand nehmen kann, dass ich keinen Mann brauche, der mir die Welt bunt und interessant gestaltet. Ich kann das selbst. Ich hätte es mir früher nie zugetraut. Und das macht mich unendlich glücklich. Und stark.

Und wenn mir ein Mann begegnet, der mich so akzeptiert wie ich bin, mit all meinen Stärken, all meinen Schwächen – ich würde mich verlieben können, verlieben wollen.

Ich wünsche dir einen Hauch von dem Glück, das ich heute empfinde.

Patricia

Fazit

Manchmal ist eine Überdosis nötig, um eine Wirkung zu erzielen. Patricia kennt sich aus mit »Überdosen«. Der Ehemann, Vater ihrer Kinder, ist von Drogen abhängig. Doch Patricia delegierte die »Schuld« nicht allein an ihn, sondern zum Teil auch an sich selbst. Sie fühlte sich schuldig, dass ihre Kinder eine so problematische Kindheit durchlaufen mussten. Sie spielte die Starke, um die Familie so gut es ging zusammenzuhalten. Diese (unbewusste) Opferrolle gab ihr die Kraft zum Durchhalten: Wer, wenn nicht sie, hätte die Familie »retten« können?, dachte sie. Sie war längst in die Co-Abhängigkeit ihres süchtigen Mannes geraten, ebenso die Kinder. Das begriff Patricia aber erst, als die Kinder aus dem Haus (geflüchtet) waren. Das Angebot in Afrika ermöglichte es ihr nicht nur, entfernungsmäßig Abstand zu ihrem alten Leben zu finden, sondern auch gefühlsmäßig. In einer ihr total fremden Welt hat sie das wieder gefunden, was sie in 15 Jahren Ehe »vergessen« hatte: sich selbst.

ELLEN, 29, Restaurantleiterin,
4 Jahre Partnerschaft mit Peter, 34,
1 Tochter, 9 Jahre alt

Lieber Peter,

es freut mich sehr, dass du wieder eine Partnerin hast. Du warst so
fröhlich, als du mir das erzähltest. »Ellen, ich lebe wieder«, hast du
gesagt. »Ich auch«, habe ich geantwortet. Ich wünsche dir von
Herzen, dass du glücklich wirst, glücklicher als mit mir. Am liebsten würde ich dir Ratschläge geben, was du diesmal anders machen solltest, was du tun und was du besser lassen solltest. Vielleicht würdest du mir sogar zuhören, aber das musst du ganz
allein rausfinden und deine Lektion lernen, so wie ich die meine
lernen musste. Es war eine bittere, schmerzliche Lektion, aber ich
denke, ich habe sie letztlich mit Bravour bestanden.

Gelernt habe ich vor allem eines: zu reden über Dinge, die für
eine Partnerschaft elementar wichtig sind. Als wir das erste Mal so
richtig ernsthaft miteinander geredet haben, war es zu spät. Da
waren wir schon viel zu weit voneinander entfernt.

Das Hoch unserer Gefühle war ohnehin schon früh einem Tief
gewichen. Ich hatte nie an Kinder gedacht, auch nicht an Heirat.
Doch drei Monate nach unserem Kennenlernen war ich schwanger. Du hast mir die Entscheidung überlassen, ob ich das Kind will.
Ich brauchte keine zwei Tage Bedenkzeit, um sicher zu sein, dass
ich es haben wollte.

Im sechsten Monat wurde festgestellt, dass das Kind nicht le-
bensfähig sein wird. Ich entschied mich für die schwierigste aller
möglichen Varianten: das Kind auszutragen. Es starb gleich nach
der Geburt. Ich war 20 und von der Situation völlig überfordert.
Und grenzenlos allein gelassen. Du warst mir keine Hilfe. Ich

konnte mit dir nicht reden, auch nicht mit meiner Familie. Ich weiß bis heute noch nicht, was dir dieses Baby bedeutet hat.

Auch unser zweites Kind kam ungeplant. Du hast die Entscheidung, es zu behalten oder nicht, wieder mir überlassen. Diesmal freute ich mich, denn ich dachte, ich kriege jetzt mein »Trösterchen«. Dass ich in den ganzen Monaten der Schwangerschaft panische Angst hatte, ein Kind mit Downsyndrom zu bekommen, habe ich für mich behalten. Wann hätte ich mit dir darüber reden sollen? Du hast nur gearbeitet, hocktest abends total erschlagen im Jogginganzug vor der Glotze. Zu mehr hat es bei dir nicht gereicht. Du konntest nicht einmal das Rauchen aufgeben, obwohl mir pausenlos kotzübel war.

Du hast dich über unser kleines Mädchen gefreut, aber du hast uns nicht von der Klinik abgeholt. Als ich mit dem Baby heimkam, sah die Wohnung aus, als hätte eine Bombe eingeschlagen. Einfach katastrophal! Du hast nicht einmal verstanden, warum ich noch am gleichen Tag in die leer stehende Wohnung einer Freundin ziehen wollte. Ich wollte an einem neutralen Ort über uns nachdenken. Doch die Angst vor dem Alleinsein hat mich noch am selben Abend wieder in unsere Wohnung getrieben.

Du hast in dieser Autofirma eine Sonderschicht nach der anderen gefahren, um Geld zu verdienen. Du hast gut verdient. Mir wäre es lieber gewesen, du hättest dir mehr Zeit für uns genommen. Wir haben nichts gemeinsam unternommen, keinen Spaziergang mit dem Kind, kein Abendessen zu zweit in einem Restaurant, nichts, nichts, nichts. Nur stumme Fernsehabende, und wenn ich Glück hatte, gabst du mir einen flüchtigen Kuss. Ich bin erfroren neben dir und ziemlich aggressiv geworden.

Süßigkeiten als Ersatz für Zärtlichkeit – ich stopfte das süße Zeug bloß noch so in mich hinein und legte innerhalb weniger Monate 19 Kilo zu. Du hast das noch nicht einmal bemerkt, kein Wort darüber verloren. Oder soll ich sagen: nicht mal darüber?!

Ich habe diese Speckpolster wieder verloren. Ich brauchte die Süßigkeiten nicht mehr – ich hatte inzwischen ein Verhältnis mit einem Mann, einem verheirateten Mann. Als er sich meinetwegen von seiner Familie trennen wollte, habe ich die Geschichte beendet. Ich habe diese Affäre nicht so ernst genommen wie er. Ich mochte ihn, und bei ihm fühlte ich mich endlich wieder als Frau. Aber Liebe war es nicht.

Klingt, als wäre ich ziemlich leichtfertig, oder? Stimmt nicht ganz, denn ich hatte schon Skrupel, dich zu betrügen, aber die Affäre hat mir sehr geholfen, mein Selbstwertgefühl aufzupäppeln. Ich fühlte mich nach langer Zeit wieder begehrenswert.

»Machst du in deinem Leben einen Schritt vor oder einen Schritt zurück?«, fragte mich eines Tages mein Kollege Erik. Ich mochte ihn sehr, er mich auch. »Einen zurück«, habe ich wahrheitsgemäß geantwortet und zu weinen angefangen. Diese Frage war wie der bohrende Finger in einer schmerzenden Wunde. Aber auch die Initialzündung, ich wusste: Jetzt musste ich handeln. Wenn nicht jetzt, dann würde ich es wohl nie schaffen.

Nach zwei Stunden Heulen habe ich mir die Nase geputzt, für den Rest des Tages frei genommen, bin nach Hause, um mit dir zu reden. Du saßest, wie immer, vor dem Fernseher. »Peter«, fragte ich, »können wir zusammen reden?« Und du hast Ja gesagt, den Fernseher abgeschaltet, mich angesehen. Und ich habe nur gesagt: »Ich will nicht mehr.« Du hast geweint, ich habe geweint. Dann haben wir über vieles, vieles geredet. Über all das, worüber wir hätten schon viel früher reden müssen. Vielleicht, dachte ich damals, hätten wir eine Chance gehabt, doch noch zusammenzuwachsen. Zum ersten Mal nach so langer Zeit hast du mir einen Einblick in deine Seele erlaubt. Ich habe einen weichen, liebebedürftigen Mann gesehen, den ich in diesem Moment sehr geliebt habe. Aber ich habe auch den Mann gesehen, der Angst hat, seine Gefühle auszuleben, Verantwortung für mich und unser Kind zu übernehmen. Um ein Haar wäre ich weich geworden, aber mein Verstand sagte mir, wenn ich jetzt nachgebe, sind wir spätestens in zwei Monaten wieder an diesem Punkt angelangt. Ich konnte es ja auch nicht besser als du!

Ich habe es erst bei Erik gelernt. Wenn du nicht mit mir redest, hat er gesagt, dann wird das nichts mit uns. Es war teuflisch schwer, offen zu werden, Gefühle in Worte zu fassen und die Angst zu überwinden, dass er diese Offenheit als Waffe gegen mich einsetzt und mich verletzt.

Er hat es nie getan, Peter. Dafür bin ich ihm dankbar. Es ist so schön, so viel Vertrauen zu einem Menschen fassen zu können. Ich habe das vorher noch nie erlebt.

Erik ermutigt mich in jeder Beziehung, und er setzt mir Grenzen. Beides habe ich nötig. Ich mache es mit ihm umgekehrt ebenso. Er ist auch unserer Kleinen ein guter Vater, aber ich würde mir wünschen, du würdest dich mehr um sie kümmern. Sie ist jetzt neun und hat ein großes Herz. Darin ist Platz für zwei Väter.

Was ich früher nie gekonnt hätte, kann ich heute ganz leicht: dich ermutigen, zu deinen Gefühlen zu stehen, nicht nur deiner Tochter gegenüber, auch der neuen Frau in deinem Leben. Mach den Mund auf, mach's nicht wieder kaputt mit deinem Schweigen.

Ich drücke dir beide Daumen!
Ellen

FAZIT

Fettpolster als schützender Puffer für die Seele, um sie vor bedrohlicher Verletzung zu schützen. Ellen fraß im wortwörtlichen Sinn ihre Trauer um das verlorene Kind, ihre Frustration über den Partner, der ihr in dieser Situation keine Hilfe war, und ihre Angst vor dem Alleinsein in sich hinein. Statt Zärtlichkeit, Geborgenheit und Vertrauen gab es Schokolade, Kekse, Kuchen, um emotional nicht noch mehr frieren zu müssen. Das Einzige, was sich in dieser Partnerschaft noch nach oben bewegte, waren die Zeiger auf Ellens Waage. Sie futterte sich Kilo um Kilo an, während sie gleichzeitig gefühlsmäßig verhungerte. Peter war von dieser Situation überfordert, flüchtete in Sonderschichten. Weder er noch Ellen waren fähig, über ihre Gefühle zu reden, darüber, was sie belastete, sie sich wünschten. Als sie es endlich taten, war es zu spät. Von ihrem neuen Partner hat Ellen gelernt, wie wichtig Reden ist, wenn eine Beziehung sich festigen und weiterentwickeln soll.

VALERIE, 38, Altenpflegerin,
2 Jahre Ehe mit Markus, 39,
Scheidung nach 3 Jahren,
2 Töchter, 15 und 9 Jahre alt

Lieber Markus,

wenn ich unsere Tochter anschaue, sehe ich immer auch das andere Mädchen – deine andere Tochter. Die beiden sollen sich sehr
ähnlich sehen, sagen alle, die beide kennen. Ich würde dieses Kind
gern mal sehen – oder doch lieber nicht. Es ist das Kind von dir
und meiner Schwester, und es kam auf die Welt, als wir noch verheiratet waren und unsere Tochter gerade mal ein Jahr alt war. Die
Kleine ist meine Nichte, das steht fest, aber ist sie auch meine
Stieftochter? Noch nicht einmal die verwandtschaftlichen Beziehungen kriege ich auf die Reihe, so wenig wie unsere ganze Geschichte.

Als ich dich kennen lernte, war ich eine allein erziehende Mutter. Heiraten kam für mich nicht mehr in Frage, ein zweites Kind
habe ich ebenfalls nicht gewollt. Dann kamst du zu Besuch in unsere kleine Stadt, du, der Großstädter, gut aussehend, gut betucht
und ungeheuer charmant. Alle meine Freundinnen haben mich
darum beneidet, dass du mir den Hof gemacht hast, so richtig alt-
modisch mit Geschenken, Briefen, Anrufen, Einladungen zum Essen.

In unserer ersten Nacht wurde ich schwanger. Ich dachte an Abtreibung, aber du wolltest das Kind, hast mir einen Ring gekauft,
mich deinen Eltern und Verwandten als deine zukünftige Frau
vorgestellt. Es war so schön, so vielversprechend. Das tat mir gut
nach meiner gescheiterten ersten Ehe.

Nach diesem Besuch in deiner Heimatstadt hörte ich lange

nichts mehr von dir, genauer in der Zeit zwischen dem fünften und achten Schwangerschaftsmonat. Ich war viel zu stolz, um hinter dir herzulaufen.

Vier Wochen vor der Geburt standest du plötzlich vor meiner Haustür, hast mir versichert, nein, geschworen!, für mich und das Kind da sein und sorgen zu wollen. Ich war verliebt in dich wie eine 14-Jährige. Wenn du verlangt hättest zu springen, hätte ich nur gefragt: wann, wie hoch, wie weit? Du hattest inzwischen ein Haus im Ort deiner Eltern gekauft. Was ich damals noch nicht ahnte, dass deine Eltern mit darin wohnen würden und uns nur ein Schlafzimmer und ein Zimmer für die Kinder zur Verfügung standen. Ich habe trotzdem eingewilligt, denn die Große musste eingeschult werden, also war Kontinuität angesagt.

Es konnte nicht gut gehen, obwohl sich deine Eltern und ich sehr bemühten, gut miteinander auszukommen. Du warst die Woche über auf Montage, am Wochenende wolltest du deine Ruhe haben und keinen Familienkrach. Also schluckte ich, hielt den Mund – fast ein Jahr lang. Dann wurde im Haus meiner Eltern eine große Wohnung frei. Wir zogen um.

Das ganz große Glück zog nicht mit ein, wie ich gehofft hatte. Aber immerhin war ich wieder in meiner vertrauten Umgebung, konnte die Kinder auch zu meinen Eltern bringen, wenn wir beide mal ausgehen wollten. Das kam ja selten genug vor. Doch das hätte mich nicht stutzig gemacht.

Es war mein 30. Geburtstag, der mich zum Grübeln brachte. Du hast mir Blumen mitgebracht, zum ersten Mal. Plötzlich schoss mir eine Bemerkung von dir durch den Kopf. Wenn du jemals einer Frau Blumen überreichen würdest, hast du damals gesagt, dann sei das ein Zeichen, dass du dich von ihr trennen wolltest. Als du mir die Blumen gabst, habe ich dich gefragt: »Willst du mir damit sagen, dass du dich von mir trennen willst?« Darauf hast du gesagt: »Ach was, die Blumen sind von meinem Chef.«

Bei mir läuteten alle Alarmglocken. Und diesmal sah ich genauer hin, als du mit meiner Schwester und deren beiden Söhnen rumgealbert hast. Das hast du früher schon getan, aber ich fand das irgendwie schön. Meine Schwester hatte sich gerade von ihrem Mann getrennt und fühlte sich sehr einsam. Deshalb habe ich sie und ihre beiden Jungs oft zu uns eingeladen.

Da stimmt was nicht, fuhr mir durch den Kopf, als ich euch so vergnügt gesehen habe.

Ich hätte dich nicht fragen müssen, denn deine Antwort kannte ich schon im Voraus: »Du spinnst!« Nein, ich habe nicht gesponnen, denn meine Schwester gab – mit einem leisen Triumph in ihrer Stimme – zu, dass ihr seit ein paar Wochen ein Paar seid. Meine Schwester, zu der ich immer ein enges und gutes Verhältnis hatte! Du hast es danach auch nicht mehr abgestritten, aber alles ins Lächerliche gezogen.

Nervenzusammenbruch, ich heulte eine Woche lang, war unfähig aufzustehen und die Kinder zu versorgen. Die Welt war untergegangen und ich mit ihr.

Du hast dich zurückgezogen, hast Überstunden geschoben. Ein wunderbares Alibi dafür, nicht jedes Wochenende bei uns auftauchen zu müssen. Irgendwann bist du gar nicht mehr erschienen, hast die alte Wohnung bei deinen Eltern bezogen und – ich fasste es damals nicht – meine Schwester zog mit dir dort ein. Da war sie schwanger!

Ein einziger Albtraum. Du weißt, ich war nie sehr gläubig, aber in dieser Zeit habe ich allabendlich Gott angefleht, mich von diesem Albtraum zu befreien.

Der Albtraum ging weiter. Du hast das Konto bis zum Anschlag abgeräumt. Meine Mutter hatte damals in Heimarbeit Krawatten genäht, zehn Pfennige das Stück. Sie hat mir einen Teil ihrer Arbeit überlassen, damit ich mich und die Kinder durchbringen konnte. Wenn du mich hast strafen wollen, ist das die eine Sache, aber du hast auch die Kinder bestraft. Warum hast du sie büßen lassen, nur weil du den Verstand verloren hast?

Dass ich auf 42 Kilo abgemagert bin aus Sorge, hätte dich damals wenig berührt. Du hast immer nur dein Ding durchgezogen, ohne Rücksicht auf Verluste.

Früher, ich gebe es zu, hätte ich keine Skrupel gehabt, in eine Partnerschaft einzudringen und sie auseinander zu bringen, wenn mir der Mann gefallen hätte. Das könnte ich heute nie mehr tun. Nach dem, was ich mit dir erlebte, weiß ich, wie weh es tut, wenn man selbst die Betroffene ist.

Dass du dich vor kurzem von meiner Schwester getrennt hast, darüber kann ich keine Schadenfreude empfinden, auch kein Mitleid mit ihr, die, wie ich hörte, ebenfalls ohne Geld dasitzt mit dem Kind. Jenes Kind, das dem unseren so ähnlich sehen soll. Es hat einfach zu wehgetan, was ihr beide mir angetan habt. Ich habe dir den Tod an den Hals gewünscht!

Ihr habt unsere ganze Familie zerstört. Wir können nie mehr gemeinsam um den Tisch unserer Eltern sitzen. Entweder kann ich mit meinen Kindern dort sein oder meine Schwester.

Mir tut höchstens das Kind Leid. Ich kann nur hoffen, dass ihm und der Mutter eines Tages etwas ähnlich Schönes passiert wie es mir passierte: Ich habe einen Mann kennen gelernt, der die Kinder so liebt wie mich und gut mit ihnen umzugehen versteht.

Es war schwer, sehr schwer, wieder Vertrauen zu einem Mann fassen zu können. Es war ein hartes Stück Arbeit, für mich und für ihn. Ich musste erst einmal lernen, meine gewonnene Stärke auszuleben, auszuhalten. Sie mit meiner Verletztheit, mit meinen Wünschen nach Nähe und Geliebtwerden unter einen Hut zu bringen. Es hat viele Rückschläge gegeben. Aber ich denke, wir haben es bald geschafft.

Trotzdem alles Liebe!
Valerie

FAZIT

Herz besiegt Verstand. Valerie war beeindruckt, dass ein Mann ihr den Hof machte, um den sie auch ihre Freundinnen beneideten. Sie wollte zwar nie mehr heiraten und auch kein weiteres Kind. Doch ihr Herz entschied sich anders. Der Herzensbube verschwand erst einmal für einige Monate, als Valerie schwanger wurde. Als er reumütig zurückkehrte, schaltete sie auf Gefühl statt auf Verstand: Blind vor Liebe versäumte sie, ihm deutlich Grenzen aufzuzeigen. Sie stellte ihm damit eine Art Freifahrschein aus, mit der er sich alle Freiheiten nehmen konnte. Und die nahm er sich auch: Er fing ein Verhältnis mit Valeries Schwester an, schwängert sie – und überlässt die Entscheidung, wie es nun weitergehen soll, wieder einmal ihr, Valerie. Körperlich, seelisch und finanziell am Ende, auf 42 Kilo abgemagert, findet sie endlich den (lebens)rettenden Absprung. Und einen neuen Anfang.

VERONIKA, 53, Rechtsanwältin,
seit 24 Jahren verheiratet mit Reinhold, 55,
3 Kinder 22, 18, 12 Jahre

Lieber Reinhold,

letztes Wochenende hast du schon zum zweiten Mal gekniffen,
mit unseren Kindern darüber zu reden, dass wir uns scheiden lassen wollen. Du warst so entschlossen zu diesem Schritt. Du wolltest frei sein. Du hättest ein so großes Zärtlichkeitsbedürfnis, hast
du mir gesagt, und du wolltest eine Partnerin, die dir mehr Gefühle entgegenbringt, als ich es tue.

Du hast wieder den Mund nicht aufgekriegt, hast wieder eine
Chance vertan, obwohl du wusstest, dass Helen zwei Tage später
für lange Zeit zum Studium nach Stockholm zurück musste und
Pasquale so gut wie nie mehr am Wochenende heimkommt, weil
er es lieber in der Familie seiner Freundin verbringt. Du warst einfach feige. Größer als dein Wunsch, deine Freiheit wieder zu haben, ist deine Angst, unsere Kinder könnten die Wahrheit über
dich erfahren. Die Wahrheit, dass sie seit 17 Jahren eine Halb-
schwester haben, wegen der unsere Ehe zerbrochen ist. Nein,
falsch, nicht das Kind hat unsere Ehe scheitern lassen, sondern
deine Feigheit, zuzugeben, dass du der Vater bist. Du hast Angst,
die Achtung deiner Kinder zu verlieren. Sie ist berechtigt. Kinder
sind sehr moralisch, auch wenn man sie nicht so erzogen hat. Sie
lieben dich, und du weißt so gut wie ich, dass das ihre Liebe er-
schüttern würde. Deshalb traust du dich nicht.

Mir ist es egal, ob wir geschieden sind oder nicht. Getrennt sind
wir ja schon lange. Ich habe dich vor Jahren losgelassen. Du kannst
gehen, wann immer du willst. Aber ich erwarte von dir, dass du
den Kindern dann sagst, was sie längst wissen sollten, ganz offen

und nicht nur in Andeutungen wie: »Ihr wisst ja, dass die Ehe zwischen eurer Mutter und mir nicht die beste ist.« Damit hast du sie immer auf den Tag X vorbereiten wollen, den Tag unserer endgültigen Trennung.

Kaum hatte ich gesagt: »Scheidung okay, aber dann . . .« – schon war keine Rede mehr davon. Du hast nicht ein einziges Wort über die Lippen gekriegt. Stattdessen überhäufst du mich seither mit Aufmerksamkeit, zelebrierst vor den Kindern eine Harmonie wie schon seit Jahrzehnten nicht mehr. Es amüsiert mich, und ich beobachte mit heimlicher Freude, wie du diesmal deinen Kopf aus der Schlinge ziehen willst.

Im Taktieren warst du ja immer einsame Spitze. Ich erinnere dich nur an die Affäre mit deiner Assistentin kurz nach unserer Hochzeit. Sie war ein naives Ding, hatte so gar nichts an Format, nichts, worin ich mich hätte wiederfinden können. Sie war das Kontrastprogramm zu mir.

Damals habe ich meine Sachen gepackt – zum ersten Mal –, zog um und hinterließ keine Adresse. Du hast versucht, mich zu finden. Ein Jahr später bekam ich die Chance, drei Monate lang in einer New Yorker Kanzlei zu arbeiten. Dort habe ich mich in einen um 30 Jahre älteren Mann verliebt. Unsterblich verliebt. Erst damals habe ich kennen gelernt, was Leidenschaft ist und was mir in unserer Beziehung fehlte. Aber das ist nicht deine Schuld. Ich wusste von Anfang an, dass du nicht der Mann bist, der große Gefühle empfindet und zeigt. Ich habe das für normal gehalten. Meine Eltern haben nicht gut zusammengepasst, und alle Ehen in meinem Umfeld schienen wenig überzeugend. Ich war sicher, so wird es überall sein. So eben auch bei uns.

Doch nach dieser leidenschaftlichen Begegnung war das anders. Als ich zurückkam, hattest du dich zwar von deiner Assistentin getrennt. Doch als wir eben wieder einen Einstieg in unsere Beziehung gefunden hatten, gestand mir meine Freundin, dass du auch mit ihr eine Affäre hattest. Von da an habe ich mich sehr zurückgenommen und habe weniger Gefühle investiert.

Helen, unser erstes Kind, kam ungeplant. Nach einer ersten Schrecksekunde, wie ich das unter einen Hut kriegen würde, Kind und Beruf, habe ich mich sehr gefreut. Ich war damals in einer großen Anwaltskanzlei tätig und ziemlich erfolgreich. Der Seniorchef prophezeite mir eine große Zukunft. Doch ich habe nicht an Karriere gedacht, das war dein Part. Ich wollte einen Beruf, der mir Spaß macht, aber daneben auch eine Familie. Nachdem mir klar war, dass du des Kindes wegen keine großen Einschränkungen im Beruf hinnehmen wolltest, bin ich im Beruf etwas langsamer getreten, habe meine Freizeit viel im Kreis meiner Kollegen verbracht. Da warst du eher ein Fremdkörper. Trotzdem habe ich dich in dieser Zeit wohl noch geliebt, zumindest aber sehr gemocht. Wir hatten ja auch viel Spaß zusammen, wir hatten den gleichen Humor, und wir hatten die gleiche Freude daran, wie sich unser erstes Kind entwickelte.

Dass ich den falschen Mann geheiratet habe, wurde mir klar, als ich zwei Monate nach Helens Geburt wieder in die Kanzlei zurückwollte. Wir hatten eine endlose Diskussion darüber, ob wir eine Putzfrau nötig hätten. Du hast das als rausgeschmissenes Geld bezeichnet, denn den Haushalt könnte ich doch so nebenher schmeißen, Reparaturen im Haus würdest du erledigen. Du bist mit Geld immer mehr als sparsam umgegangen, ich würde dich sogar geizig nennen. Du findest, dass ich dein Geld verprasse. Dein Geld. Dabei verdiene ich in der Zwischenzeit mehr als du, aber den Triumph, dir das aufs Butterbrot zu schmieren, brauche ich nicht. Ich leide schon lange nicht mehr. Es war zu viel Leid, das du mir angetan hast. Ich bin daran fast zerbrochen.

Es kam mir sehr entgegen, dass ich in der Kanzlei immer mehr große Fälle übertragen bekam. Das hat meine Zeit sehr in Anspruch genommen, und ich habe mich nicht mehr so stark an dir orientiert. Irgendwann hast du im Spaß gesagt, dass du dir eine Freundin nehmen würdest, wenn ich mir nicht mehr Zeit für dich nähme. Ich habe das nicht so ernst genommen.

Als ich wieder schwanger wurde, meintest du, du würdest es verstehen, wenn ich das Kind nicht bekommen wolle, es sei ja nicht gerade ein idealer Zeitpunkt. Ich sollte damals in die Kanzlei einsteigen und mir gleichzeitig als Verteidigerin in einem Aufsehen erregenden Wirtschafts-Bestechungsskandal einen Namen machen.

Eine Abtreibung wäre für mich nie in Frage gekommen, auch wenn der Zeitpunkt noch so ungünstig gewesen wäre. Das wusstest du auch, du kanntest meine Einstellung zu diesem Thema genau. Ich wollte dieses Kind haben. Du hast getan, als ginge dich das nichts an, bist häufig zu Kongressen gefahren, hast mir nie eine Telefonnummer hinterlassen.

Du hattest eine Affäre mit einer Kollegin. Sie hat dich mehr interessiert als mein Gesundheitszustand. Ich litt unter einer bedrohlichen Autoimmunerkrankung, die auch unser Baby bedrohte. Sogar kurz vor der Geburt bist du noch weggefahren, natürlich ohne Hinweis, wo ich dich hätte erreichen können. Du hast keinen Handlungsbedarf gesehen.

Später, viel später habe ich erfahren, mit wem du damals zusammen warst. Es war jene Kollegin, die mir auf einer Veranstaltung unangenehm aufgefallen war. Sie machte jeden Mann an, hatte dauernd zweideutige Sprüche auf den Lippen. Du hast dich sehr negativ über sie geäußert, damals. Aber ich werde nie vergessen, dass ich bei jenem Event plötzlich eine Eingebung hatte. Es war, als würde man mir einen Blick in die Zukunft gestatten. Es war ein kurzer Moment nur, in dem ich diese Frau ansah und tief in mir die Gewissheit spürte, dass mit dieser Frau einmal viel Leid für mich verbunden sein würde.

Als jene Kollegin schwanger wurde, habe ich dich gefragt:

»Könnte es sein, dass du der Vater dieses Kindes bist?« Und dann kam das, was es mir danach unmöglich machte, wieder dort anzuknüpfen, wo es einmal schön und vertraut mit uns war. Deine Antwort war kalt und so eindeutig: »Du mit deiner lächerlichen Eifersucht machst unsere Ehe kaputt. So wie du dich verhältst, da kann jeder Ehemann nur Reißaus nehmen.«

Ich hätte dir so gern geglaubt, aber tief in mir war die Gewissheit, es ist dein Kind.

Die Gewissheit hielt ich drei Jahre später schwarz auf weiß in meinen Händen. Wir waren mit den Kindern in Urlaub, und in irgendeiner Situation hast du mich gebeten, Geld aus deinem Geldbeutel zu nehmen. Da fiel mir eine Karte in die Hände, auf der das Geburtsdatum deiner Kollegin und das ihrer Tochter vermerkt war. Es hätte mich nicht so überraschen dürfen, hat es aber. Bis zu dieser Minute hatte ich immer noch gehofft, meine innere Stimme hätte mich getäuscht. Du hast nicht mehr geleugnet, du hast nur lapidar gesagt: »Natürlich ist das Kind von mir. Aber das geht doch dich nichts an. Das hat doch nichts mit dir zu tun.«

Nichts mit mir zu tun? Du bist mein Mann, und wir haben drei Kinder. Und dort ist ein Kind von einer anderen Frau, dessen Vater du bist. Das soll nichts mit mir zu tun haben?

Dass ich meine Koffer wieder auspackte, hat weniger damit zu tun, dass du zusammengebrochen bist und mich angefleht hast, dich nicht zu verlassen. Ich bin geblieben, unserer Kinder wegen. Es ist eine Ironie des Schicksals, dass gerade Pasquale, unser zweites Kind, das du mich damals hättest seelenruhig abtreiben lassen, wenn ich es nur gewollt hätte – dass dieser Junge mit einer so abgöttischen Liebe an dir hing und noch immer hängt. Ausgerechnet dieses Kind, auf das du keine Rücksicht genommen hast, das dir egal war, ob es auf die Welt kommt oder nicht. Ich wollte ihm und unserem Ältesten nicht den Vater nehmen, ich hätte es einfach nicht gekonnt. Und das ist auch der Grund, warum ich mich vor einigen Jahren von einem Mann getrennt habe, mit dem ich jene Leidenschaft noch einmal erlebte wie damals in New York. Aber er, ich, wir hätten seine Familie zerstört. Ich habe es nicht gekonnt. So wenig wie ich unsere Familie zerstören wollte und konnte.

Reinhold, ohne Kinder hätte ich dich verlassen, aber ich glaube noch heute, dass ich nicht das Recht hatte, auch für meine Kinder mitzuentscheiden. Deshalb bin ich geblieben. Aber es war eine harte, harte Zeit. Alles, was mit Kindern zu tun hat, ist für mich mit Freude und Glück besetzt. Aber da war ein Kind, über das ich mich nicht freuen konnte. Es war verdammt schwer. Wann immer ich in einen Kinderwagen schaute – ich habe dieses Kind gesehen. Und ich habe geweint, geweint, geweint.

Und mich in die Arbeit gestürzt, Karriere gemacht, die ich eigentlich nie angestrebt habe. Da ich amerikanisches Recht studiert hatte, bekam ich immer häufiger Fälle übertragen, für die ich in die Staaten reisen musste. Anfangs war es wie eine Flucht, später hat es mir eine riesige Freude und Befriedigung gebracht. Doch der Stachel in meinem Herzen saß tief. Dieses fremde Kind...

Ob du mit ihm Kontakt hast, weiß ich nicht. Ich frage dich nicht. Wahrscheinlich würdest du mir ohnehin nicht die Wahrheit sagen. Du gibst immer nur das zu, was ich dir beweisen kann.

Vielleicht, so habe ich gedacht, könnte ich das Ganze wieder positiv besetzen mit einem weiteren Kind. Und so kam unser Florian auf die Welt, ein zauberhaftes Kind. Es hat mich für vieles entschädigt. Auf ihn hast du dich mehr gefreut als auf die beiden anderen Kinder. Du hast gehofft, dass mit diesem Kind wieder alles auf die Reihe kommt. Das war unmöglich, ich konnte das Rad nicht einfach zurückdrehen. Aber ich bin heute sehr glücklich, diese drei Kinder zu haben. Sie sind genau so, wie ich mir meine Kinder immer vorgestellt hatte. Für diese Kinder möchte ich mich bei dir bedanken. Weißt du, was Helen beim Abschied gesagt hat? Sie sagte: »Mami, ich trau mich einfach nicht, dir meinen Freund vorzustellen, bevor ich nicht sicher bin, dass er mich liebt. Ich habe Angst, dass er mich nur deshalb will, weil du dann seine Schwiegermutter wirst.«

Das hat mich sehr glücklich gemacht.

Ich wünschte mir, du könntest dich dazu durchringen, deinen Kindern endlich die Wahrheit zu sagen. Ich würde dir beistehen, ihre Liebe zurückzugewinnen.

Veronika

FAZIT

Lügen fressen Seele auf. Veronika ging in diese Ehe ohne große Illusionen. Glückliche Ehen kannte sie nicht. Deshalb hielt sie Reinhold, der wenig Gefühle zeigte, für einen normalen Mann, weder romantisch noch leidenschaftlich. Der erste Seitensprung ihres Mannes traf sie dennoch tief. Es folgten weitere, die er alle ableugnete. Er leugnete auch die Vaterschaft an dem Kind seiner Kollegin. Seine Lügen und Heimlichkeiten kühlten Veronikas Gefühle stark ab. Eine Trennung kam für sie dennoch nicht in Frage. Sie wollte ihren Kindern die Familie erhalten. Sie verzichtete bewusst auf eine neue Liebe, obwohl sie bei diesem Mann jene Leidenschaft fand, die ihr in ihrer Ehe fehlte. Sie entschied sich für einen Schritt, der auf den ersten Blick nicht leicht nachzuvollziehen ist: für ein drittes Kind – von ihrem Mann. Sie hielt das für die einzige Chance, über das uneheliche Kind ihres Mannes hinwegzukommen.

RAIJA, 44, Unternehmerin,
8 Jahre Ehe mit Hannes, 44,
Scheidung vor 8 Jahren,
3 Kinder, 13–15 Jahre alt

Lieber Hannes,

wenn unsere Tochter mal wieder in alten Fotos kramt, um ihren Freundinnen zu zeigen, wo sie als kleines Mädchen schon überall rumgeschippert ist, und wenn sie dann auch noch voller Stolz sagt »Guck mal, der da ist mein Vater! Sieht doch echt cool aus«, wird mir richtig warm ums Herz. Es waren die schönsten Jahre meines Lebens, als wir – du, unsere drei Kinder und ich – zwei Jahre lang rund ums Mittelmeer schipperten. Aber gleichzeitig waren es auch meine schwersten. Oder lass mich sagen, meine lehrreichsten, die Jahre, die mich stark gemacht haben.

Es war immer dein Traum gewesen, auf einem Boot die halbe Welt zu umfahren, meiner war der vom Leben auf dem Land in der Nähe einer Großstadt. Wir haben beide Träume gelebt, und beide Male sind sie an der Realität gescheitert. Oder wir.

Als ich dich an der Uni in Berlin kennen lernte, hat mich an dir fasziniert, dass du so anders als die anderen Studenten warst, zupackend, praktisch, unangepasst, weniger »kopfig«. Das hat mir gefallen. Dass du auch einen Drang zum Dramatischen hast, habe ich auf unserem ersten Segeltörn gemerkt. Wir waren einige Wochen lang zu zweit allein, und ich habe gesehen, dass du aus zwei Männern bestehst, einem praktisch-zupackenden und einem merkwürdigen, nicht fassbaren. Du hast beispielsweise gekocht. Und bevor ich überhaupt eine Gabel in der Hand hatte, um zu probieren, hast du schon ein Drama daraus gemacht, dass es nicht schmecken würde. Solche Sachen passierten häufiger. Aber in meiner Familie gab es ebenfalls Exzentriker, ich war das gewöhnt und fand's eher amüsant. Du warst ein faszinierender Mann, aber auch ein Scheißkerl.

Wir krachten uns während unserer Uni-Zeit oft. Und im Krach bin ich, das bestandene Examen eben in der Tasche, fluchtartig aus Berlin abgehauen. Ich wollte aufs Land, auf einen Bauernhof irgendwo im Norden, ich hatte genug vom Studium. Dass ich dann im Süden gelandet bin, lag an den beiden Anhaltern, die mich am Stadtrand von Berlin aufgelesen haben. Die wollten in den Süden. Und so bin ich in der Nähe des Chiemsees gelandet.

Es hat nicht lange gedauert, und du bist hinterhergekommen, hast einfach dein Studium geschmissen. Typisch für dich, vieles anzufangen, nichts bis zum Ende durchzuziehen. Und du warst für jede Überraschung gut. Aber ich habe dich auch dafür bewundert, dass du das gelebt hast, was ich mich nicht traute: Abenteuerlust.

Wir haben uns beschnuppert und angebellt, mit unseren eigenen Händen ein altes Bauernhaus zu einem Nest ausgebaut. Dort kamen unsere Tochter und dann die beiden Jungs auf die Welt. Das Geld war knapp. Es kriselte heftig zwischen uns, ich zickte rum, habe dir Szenen gemacht. Ich hatte schließlich ein Staatsexamen in der Tasche und hockte nun in einem 24-Seelen-Dorf und kochte Brei für die Kinder. Du hast rumgejobbt und mir kühl erklärt, dann solle ich halt arbeiten gehen und du würdest dich um die Kinder kümmern. Aber wie das aussehen würde, wusste ich: Um 12 Uhr aufstehen, lange Zeitung lesen, und dann erst würdest du dich um die Kinder kümmern – nicht auszuhalten.

Zugegeben, ich war damals noch nicht fähig, Konflikte offen auszutragen und mir eigene Freiräume zu schaffen. Als einziger Ausweg aus diesem Dilemma schien mir immer nur die Flucht. Und einmal bin ich ja auch mit unserer erst sechs Monate alten Tochter zu einer Freundin nach Florenz abgehauen. Das hatte schon was Erpresserisches, ich weiß.

Dann kam eines Tages dieses unerwartete Erbe. Ich sah endlich eine Chance, dem Alltag – Haushalt, Kochen, Fußböden schrubben – zu entfliehen. Ich habe dich schon sehr bedrängt, dieses wunderschöne alte Boot zu kaufen, das wir in den zwei Jahren auf dem Meer zu einem schmucken Schiff um- und ausgebaut haben. Du warst damals mit dem Leben auf dem Land ganz zufrieden. Ich aber nicht. Du hast nachgegeben, vielleicht habe ich dich damit auch ein Stück entwurzelt.

Wir sind mit so viel Optimismus und Hoffnung an Bord gegangen. Für die Kinder war's toll, nur wir beide fanden keine Basis zueinander. Möglich, dass du die Realität nicht aushalten kannst, du hast immer deine Träume gebraucht. Sobald sie Wirklichkeit wurden, konntest du sie nicht mehr aushalten. Vielleicht konntest du auch keine Beziehung im Glück aushalten.

Vielleicht bist du auch deshalb so oft fremd gegangen, vorher in unserem Dorf und später, wenn wir für längere Zeit an einem Hafen angelegt hatten. Das hat mich sehr verletzt, aber mehr noch, dass du es darauf angelegt hattest, es mich wissen zu lassen. Nein, erzählt hast du mir nichts, aber du hast alles deinem Tagebuch anvertraut, und du hast das eines Tages richtig provokativ offen liegen lassen, weil du wolltest, dass ich es lese – deine intimen Erlebnisse en detail!

Ich habe die Kinder geschnappt, das Boot verlassen und bin nach München. Lieber wäre mir Berlin gewesen, aber ich wusste, dass du dort nie hättest leben wollen, und ich wollte, dass du den Kindern räumlich nahe bist.

Du hast in München dann eine Therapie gemacht, und plötzlich konnten wir miteinander reden. Wir sind respektvoller, achtsamer miteinander umgegangen. Wir sind kein Paar mehr geworden, aber wir haben es in vielen Jahren geschafft, fürsorgliche Eltern für unsere Drei zu werden. Ich würde mir nur wünschen, dass deine neue Frau das respektieren könnte. Doch sie hat Angst, dass wir durch mehr Nähe vielleicht doch wieder zueinander finden könnten. Diese Angst muss sie nicht haben. Ich könnte nicht mehr zurück. Es war ein langer Weg von der Brei kochenden Dreifachmutter mit abgeschlossenem Studium bis zur eigenen Firma, die ich heute habe. Ich habe an Freiheit gewonnen, die ich grandios finde. Ich bin nicht mehr abhängig, dass Menschen in mein Leben kommen, die etwas für mich erfüllen. Das, was ich kann, mache ich, das andere lasse ich.

Die Zeit mit dir war eine gute Schule. Ich habe gelernt, Konflikte durchzustehen, nicht einfach abzuhauen, nicht zu kneifen, wenn es eng wird, gelernt, mir meine Freiräume zu schaffen. Ich trau mir viel zu – alles, was ich vorher an dich, den großen starken Mann, delegiert habe. Wenn ich merke, ich kann etwas nicht, dann lasse ich es. Ich kann solche Lebenssituationen stehen lassen, mit großer Gelassenheit. Das schafft Freiheit.

Sei gegrüßt von
Raija

FAZIT

Der große starke Mann, der alle Abenteuer riskiert, zu denen man selbst den Mut nicht aufbringt. Raija war fasziniert von Hannes facettenreicher Persönlichkeit. Er übernahm für sie eine Art Stellvertreterfunktion. Er traute sich Dinge, die sie sich nicht traute. Mit ihm zusammen fühlte sie sich stark, zum Beispiel auf einem Segelboot zu einer zweijährige Kreuzfahrt durchs Mittelmeer aufzubrechen. Hannes brauchte seine Träume, sie waren sein Lebenselixier, doch sobald die Träume in Erfüllung gingen, war das Glücksgefühl verflogen. Beide konnten ihre Konflikte nicht offen austragen. Hannes nahm es mit der Treue nicht so genau. Raija »zickte rum«, wie sie es nannte, und lief den Problemen davon. Erst nach der Trennung hat sie gelernt, dass Davonlaufen und Kneifen sie nicht weiterbringen.

MARION, 46, Übersetzerin,
20 Jahre Ehe mit Oluf, 46,
2 Söhne, 23 und 21 Jahre alt,
Trennung vor 5 Jahren,
Scheidung vor 2 Jahren

Lieber Oluf,

zur Hochzeit unseres jüngsten Sohnes bist du nicht gekommen,
obwohl du ein gutes Verhältnis zu deinen beiden Jungs hast. Am
Geld für ein Ticket in die USA kann es nicht gelegen haben. War
es, weil Du nicht mit mir zusammentreffen wolltest? Ich hätte es
gut ausgehalten, dich mit deiner neuen Partnerin dort zu sehen.
Aber du meidest mich wie die Pest, jetzt noch, nach fünf Jahren!
Oluf, nicht ich habe die Familie verlassen. Du warst es! Ich verlangte die Scheidung, weil ich klare Verhältnisse haben wollte. Es
ging mir elend damals, hundeelend. Mit 41 Jahren verlassen zu
werden ist ziemlich beschissen. Das geht ganz schön ans Selbstwertgefühl, schon gar, wenn die neue Partnerin des Mannes zehn
Jahre jünger ist.

Bis zur Wende hatten wir ein bereicherndes Verhältnis. Meine
Welt war Kultur und Theater, die deine war der Sport. Als Familie
funktionierten wir. Wir haben, als du nach deinem Studium in
Leipzig zu uns nach Berlin gekommen bist, am Wochenende viel
zusammen unternommen. Du warst ein guter Jungsvater, hast
deinen Söhnen ein gutes männliches Selbstbewusstsein ver-
mittelt. Du hattest immer noch eine jungenhafte Art, warst un-
verkrampft, fröhlich – ein großer Junge, und der wirst du wohl
auch bleiben. Im Grunde habe ich drei Jungs gehabt, dich und unsere beiden Söhne. Gerade das Jungenhafte an dir war es, was mir
besonders gefiel. Als wir uns auf einer Party kennen lernten,

warst du Soldat, stationiert an der Ostsee, mit Heimaturlaub alle sechs Wochen. Ich absolvierte eben ein Praktikum. Und als ich zu studieren anfing, zwei Jahre vor dir, war ich bald schwanger. Geheiratet haben wir, als unser Sohn gerade ein halbes Jahr alt war.

Später haben wir beide ehrgeizig unsere Berufe verfolgt. Als Familie haben wir funktioniert. Wenn ich morgens früh ins Büro musste, hast du dich um die Kleinen gekümmert, ich am Abend, weil sich dein Beruf im Sport-Freizeitbereich bis in den späten Abend hinein abspielte. Mit dem Geld kamen wir klar, die finanziellen Bonbons konnte ich liefern, weil ich mehr verdiente. Als du noch studiert hast, war es schon schwer für mich, weil Marko, unser Großer, ein intelligentes, aber hyperaktives Kind war. In Stresszeiten war ich mit den Kindern immer allein. Es wurde leichter für mich, als du nach deinem Examen nach Berlin gekommen bist. Es lief gut zwischen uns, zehn Jahre lang. Bis zum Mauerfall.

Du hast dich ziemlich schnell entschlossen, mit zwei Kompagnons im Westen der Stadt ein eigenes Fitness-Studio zu eröffnen. Du hattest großen Zulauf, warst finanziell erfolgreich, aber ich hatte meinen Job verloren, arbeitete frei für diverse Auftraggeber, verdiente plötzlich wenig und war voller Zweifel, ob ich es in der Selbstständigkeit schaffen würde. Du hast mich getröstet, du würdest genug für uns verdienen. Aber ich habe nie von dir finanziell abhängig sein wollen.

Unser Verhältnis hat sich tröpfchenweise geändert. Ich hätte merken müssen, dass wir auseinander driften, hab ich aber nicht. Du hast dich beruflich durchgesetzt. Du wolltest was Neues erproben, dich beweisen. Fitness war deine Welt, dafür hast du nach und nach alles Altvertraute abgestreift: deine Familie, deine alten Freunde, deine alte Umgebung. Du hast deine Welt gewechselt. In diese neue Welt habe ich nicht mehr gepasst.

Wir haben dich zu Hause immer seltener und immer später gesehen. Die Arbeit, hast du gesagt. Aber es war eine andere Frau, wie mir eine Kundin von dir gesteckt hat. Ich habe dich zur Rede gestellt. Du hast geleugnet bis zum Geht-nicht-mehr. Ich habe dir nur zu gern geglaubt.

Bald darauf wurde das Haus, in dem wir wohnten, total saniert. Unsere Wohnung glich einer Baustelle. Du bist zu deiner Mutter gezogen, unser Ältester zu seiner Großmutter, der Jüngste zu einer Nachbarin. Einer musste ja bleiben wegen der Handwerker. Das war ich.

Dass unsere Ehe damals bereits in der Auflösung war, habe ich verdrängt. Bis zu dem Abend, an dem wir von einem Besuch bei Freunden in Prag zurückgekommen sind. Die ganzen Tage warst du mürrisch, aggressiv, hast uns allen die Laune verdorben. Als alle Koffer nach oben geschafft waren, wolltest du einen Parkplatz suchen. Du kamst ewig nicht zurück. Während ich die Waschmaschine stopfte, durchfuhr mich plötzlich der Gedanke: Oluf kommt nicht mehr zurück. Voller Panik bin ich auf die Straße gelaufen und fand dich hinterm Steuer sitzend, entspannt lächelnd am Handy. Du bist so erschrocken, als du mich gesehen hast. Auch diesmal warst du um eine Ausrede nicht verlegen, sie schien glaubhaft, ich schwankte zwischen Glaube und Zweifel.

Bis zu jenem Abend, an dem ich auf dich gewartet und gesagt habe: »Ich trinke so lange Rotwein, bis ich weiß, was ich wissen will.« Da hast du gestanden, du seist verliebt, es sei etwas Neues, hast du gesagt, na ja, halt alles, was Männer in solchen Situationen wohl eben sagen.

Nach diesem Geständnis hast du dich immer schamloser benommen, kamst so gut wie nicht mehr nach Hause. Ich war zwar sicher, dass du nicht mehr zu mir zurückkommst, trotzdem habe ich unglaubliche Aktivitäten entfaltet, habe viel organisiert für uns vier, Ausflüge, Abendessen. Verrückt, ich weiß, aber ich war so fertig. Es war in einem indischen Restaurant, als du während des Essens einfach abgehauen bist und erst zwei Stunden später wiederkamst. Das war die Initialzündung. Ich habe mir daheim einen großen Schnaps eingeschenkt und dir ruhig erklärt: »Das ist die letzte Nacht, die du hier verbringst.«

Du warst tierisch beleidigt, hast deine Zahnbürste gepackt und bist gegangen, kamst aber ein paar Tage später mit deiner Schmutzwäsche zurück. Die sollte ich für dich waschen. Ich war fassungslos, dass du mir das zugemutet hast, dass du so wenig Einfühlungsvermögen hattest.

»Oluf lebt richtig auf seit der Trennung«, erzählten mir gemeinsame Freunde. Ich dagegen hatte wochenlang mit Brechreiz zu kämpfen, lebte von Kaffee und Zigaretten – ich, die vorher nie geraucht hatte! Ich wurde dünner und dünner und bekam verrückterweise von allen Seiten Komplimente: Ich hätte noch nie so gut ausgesehen wie jetzt!

Unser Großer mit seinen 18 war mir eine große Stütze in dieser Zeit. »Mami, du bist eine so starke Frau«, hat er gesagt, »du schaffst es auch ohne ihn.« Das hat mich sehr berührt.

Der Kleine dagegen ist mit der Trennung nicht gut fertig geworden. Er flog dann bald als Austauschschüler nach Amerika. Wir haben ihn noch gemeinsam zum Flughafen gebracht, auch den 20. Geburtstag von unserem Ältesten haben wir zusammen gefeiert. Es war alles bloß noch krampfig, krampfig hoch drei.

Du hattest nur das Nötigste abgeholt. Den Rest deiner Sachen habe ich in Kisten gepackt und sie nach und nach ausgeräumt. Damit habe ich aber auch unsere Beziehung »aufgeräumt«. Es hat sehr wehgetan!

Eine Scheidung sei nicht nötig, hast du gesagt. Es war eine Mischung aus Trotz, Aggression und schlechtem Gewissen. Ich wollte klare Verhältnisse. Nachdem du den ersten Termin beim Notar

»vergessen« hattest, habe ich dich zu einer finanziellen Ausein-
andersetzung gezwungen. Die Szene war filmreif: wir in einer
Gaststätte, um jeden Topf feilschend. Als du begriffen hast, dass es
mir mit der Trennung ernst war, hast du mir lauthals Geldgier
vorgeworfen, bist fünfmal zur Tür gerannt und wieder zurück. In
der Kneipe war es mucksmäuschenstill. Alle Gäste starrten auf
uns.

Du hast dir nie Gedanken gemacht, dich auch nicht wirklich von
mir getrennt, du bist einfach nur gegangen. Die Trennung hast du
deshalb auch nie verarbeitet. Vielleicht vermeidest du deshalb jedes Treffen mit mir. Ist es so?

Was ich zu unserem Scheidungstermin anziehen werde, darüber habe ich mir viele Gedanken gemacht. Ich wollte dir zeigen,
dass ich darüber hinweg bin, obwohl das damals noch nicht so war.

Heute kann ich sagen: Es gibt auch ein Leben nach der Ehe. Und
das ist richtig spannend und bereichernd. Ich hätte das nie erleben
können, wenn du nicht gegangen wärst, denn ich hätte dich nicht
aufgegeben.

Mir ist erst im Nachhinein klar geworden, dass ich mich verbo-
gen habe bis zur Selbstverleugnung. Es wäre eine so frustrieren-
de Beziehung geworden, ich unglücklich, du unzufrieden. Die
Trennung von dir hat mein Selbstwertgefühl ungeheuer gestärkt.
Ich habe gelernt, mit einem Berg von Problemen und Gefühlen
fertig zu werden. Festzustellen, dass man in der Lage ist, wieder
aufzustehen, das ist ein verdammt gutes Gefühl. Das hat mich
stark gemacht. Früher habe ich mich immer als Teil einer Familie
empfunden, heute als eine eigenständige Person. Und weil die
Kinder aus dem Haus sind, kann ich eine andere Art der Partnerschaft leben. Der Mann, mit dem ich jetzt zusammen bin, ist ganz
anders als du. Mit ihm habe ich meine bislang ungelebten Seiten
entdeckt und lebe sie jetzt: meine Zärtlichkeit, meine Sinnlich-
keit.

Aber auch das habe ich begriffen: Ich möchte nie wieder heiraten, denn mit unserer Scheidung habe ich kapiert, dass die Ehe ein Wirtschaftsvertrag ist. Sie schafft nicht mehr Vertrauen und Verantwortung. Die können allein durch eine Beziehung wachsen.

In großer Dankbarkeit verbunden
deine Marion

FAZIT

Wie innen, so außen. Wie außen, so innen! Oft werden innerliche Prozesse durch äußere Einwirkungen ausgelöst oder zumindest beschleunigt, selten jedoch durch sie verursacht. Die Ehe von Marion und Oluf lief bis zur Wiedervereinigung von Ost und West gut. Marion war Oluf immer einen Schritt voraus: Sie stand früher im Beruf, verdiente mehr, übernahm weitgehend die Organisation des Familienlebens. Nach der Wende eröffnet Oluf ein Fitness-Studio und hatte damit Erfolg. Zum ersten Mal eröffnete sich ihm die Chance, nicht länger der Zweite zu sein, sondern der Erste. Nichts war mehr wie vorher. Sichtbarer Ausdruck des Umbruchs war die gemeinsame Wohnung: eine einzige Baustelle! Nicht nur die Wohnung hätte einer grundlegenden Renovierung bedurft, auch ihre Partnerschaft. Oluf hat die Baustelle verlassen, überließ es Marion, den Schutt beiseite zu räumen. Auch im übertragenen Sinn war sie es, die für Ordnung in der Beziehung sorgen musste. Auch hier hat sich Oluf gedrückt, bis Marion die Scheidung verlangte.

Yvonne, 28, Betriebswirtin,
4 Jahre Ehe mit Patrik, 30

Lieber Patrik,

du möchtest, dass ich zu dir zurückkomme. Ich kann nicht. Du bist nicht mehr der Mann, den ich geheiratet habe. Und wenn du mir vorwirfst, auch ich sei nicht mehr die Frau, mit der du damals vor dem Altar standest, kann ich nur zustimmen.

Du warst zehn und ich acht, als du zum ersten Mal in unser Dorf bei Nizza kamst. Von da an hast du zu der Ferienclique gehört, die sich jeden Sommer dort eingefunden hat. 12 Jahre später waren wir beide unendlich verliebt, aber nicht ineinander, sondern in andere Partner. Aber damit fing es auch mit uns beiden an. Einen Sommer später hatten wir beide Liebeskummer und haben uns gegenseitig getröstet. Und als der Sommer zu Ende war, stellten wir fest: Wir haben uns ineinander verguckt.

Zwei Jahre später: Ich steckte im Studium und wollte für zwei Jahre nach Paris, aber du hast darauf bestanden, mit dir nach Deutschland zu kommen. Wir haben nächtelang diskutiert, es endete immer mit deiner Drohung: »München – oder es ist aus zwischen uns!« Aber genauso gut hättest du mit mir nach Paris gehen können, dein Französisch war so gut wie mein Deutsch.

Also München. Doch dort fand ich nach Abschluss meines Studiums keinen Job. Für eine Ehe und ein Baby hast du dich noch zu jung, zu unreif gefühlt. Die Verantwortung schreckte dich.

Damals hat das mit diesen furchtbaren Angstattacken angefangen. Die sind so schlimm geworden, dass ich mich irgendwann nicht mehr aus dem Haus traute und mich in mein Zimmer einschloss, wenn du Besuch mitgebracht hast.

Nur an der Côte d'Azur ging es mir gut, da lebte ich richtig auf.

So oft es ging, bin ich in meine Heimat gefahren. Anfangs hast du das sehr unterstützt, du warst sehr besorgt um mich. Aber irgendwann konnte ich weder einen Zug noch ein Flugzeug besteigen, geschweige denn ein Auto fahren.

Du hast mir dann einen Job in einer Weinhandlung verschafft, und ich lernte auch ein paar nette Freunde kennen, ich hing also nicht mehr wie eine Klette an dir. Danach ging es mir nicht gut, aber schon viel besser. Und langsam gewann ich auch wieder an Selbstvertrauen.

Du warst sehr glücklich darüber, und wir turtelten wieder so wie zu Beginn unserer Liebe. Und das Schicksal schien es gut mit uns zu meinen. Deine Firma schickte dich für zwei Jahre nach Südfrankreich. Eine tolle Herausforderung für dich und auch für mich, denn ich bekam eine leitende Position in einem renommierten Hotel angeboten. Eine Woche, bevor der Umzugswagen kam, haben wir geheiratet: eine Traumhochzeit!

Den Kinderwunsch schoben wir auf, wir waren viel zu sehr mit dem Aufbau unserer Karriere beschäftigt, sind viel herumgereist, machten uns ein wunderschönes Leben. Das heißt, es hätte ein wunderschönes Leben sein können, aber wir stritten viel.

Es klingt so lächerlich – wir stritten uns wegen der Hausarbeit. Es hat mich so wütend gemacht, dass du alles an mich delegiert hast.

Du musstest abends oder am Wochenende oft mit Kunden oder Kollegen essen gehen, das zählte mehr als mein Job. Wenn ich dir davon erzählen wollte, hast du nur mit einem Ohr hingehört, wenn überhaupt. Es war für dich eher ein Reizthema. Dass mein Arbeitstag ebenfalls zehn, zwölf Stunden und mehr dauerte, hast du mit einem Achselzucken quittiert. »Du musst doch nicht, lass es doch«, war deine Antwort.

Ich habe mich lange gegen die Erkenntnis gewehrt, was sich in Wahrheit in deinem Kopf abspielte: die ganz große Macho-Rolle!

Du, der große Macher, ich, das nette unbedarfte Frauchen, das sich in deinem Glanze sonnen darf – oder soll ich sagen: soll? – und dem du gönnerhaft erlaubst, »Businessfrau zu spielen«. Das sich in deinem Windschatten bewegt, dem du weder erlaubst noch zutraust, allein aufs offene Meer hinauszusegeln. Wie wenig Wertschätzung du mir, deiner Frau, entgegengebracht hast! Und ich hatte bis dahin immer geglaubt, für dich eine gleichberechtigte Partnerin zu sein.

Das Unfassbare war: Ich habe deine Einstellung mehr und mehr verinnerlicht: du, der Große, ich die Kleine. Ich habe mir von dir all mein Selbstwertgefühl nehmen lassen. Meine Angstattacken kamen zurück, stärker denn je. Daran änderten erst die Sitzungen beim Psychotherapeuten etwas.

Langsam, aber stetig ging es mit mir bergauf. Aber damit hattest *du* deine Probleme. Zum Beispiel an einem Abend, als du wie so oft mit Geschäftsfreunden zu später Stunde und ohne Vorankündigung zu Hause aufgekreuzt bist und erwartet hast, dass ich noch ein kleines Abendessen zaubern sollte. Du warst entsetzt, als ich freundlich erklärte, dass sich in meinem Kühlschrank momentan nichts befinde, weil mein Mann mich nicht informiert habe, dass er noch Gäste mitbringt, aber die Bar nebenan sei noch offen. Ich war so glücklich über meinen Mut, das endlich sagen zu können, und du so sauer über diesen ungeheuren Affront, dass du über eine Woche lang nicht mit mir gesprochen hast.

Es gab viele solcher Szenen, viele waren ganz schrecklich. Ich gebe zu, ich habe dich sehr oft herausgefordert, auch um meinen eigenen Mut auszutesten. Aber in erster Linie war es der Versuch, dich zu zwingen, mich endlich als gleichberechtigte Partnerin zu sehen und zu achten. Du hast dich mehr und mehr gesperrt.

Vielleicht, so war meine Hoffnung, würdest du dein Macho-Gehabe ablegen, wenn wir wieder in Deutschland sind. Ich habe mich getäuscht. Du bist in deiner Firma noch ein Treppchen höher ge-

kommen, und ich habe – ganz bewusst – ein beruflich sehr reiz-
volles Angebot ausgeschlagen. Es hätte mir noch weniger Freizeit
gelassen als der alte Job. Ich bin – du würdest sagen: ins zweite
Glied – zurückgetreten. Nein, nicht aus Rücksicht auf dich, auf
mich! Ich hatte es mir bewiesen, dass ich eine erfolgreiche Businessfrau sein kann und sie nicht bloß »spielte«, wie du meintest.
Ich musste es mir nicht länger beweisen. Ich wollte endlich wieder
Zeit für andere Dinge haben. Eislaufen im Winter zum Beispiel
(ja, habe ich gelernt!) und für den »Weiberchor«, in dem ich jetzt
singe, und für so vieles mehr. Ich halte sogar den grauen deut-
schen Winter aus, ohne in düstere Stimmung zu fallen. Die Angst
ist weg. Es gibt keinen Grund mehr für sie. Wenn ich mich manchmal nach einer starken Schulter sehne, dann deshalb, weil ich den
Wunsch nach Vertrautheit und Zärtlichkeit und Geborgenheit habe. Das ist doch normal. Ich möchte sie aber nicht (mehr) für den
Preis, mich dabei selbst zu verlieren oder mich anpassen zu müssen. Ich wünsche mir einen starken Partner, bei dem ich schwach
sein darf, wenn *ich* es will. Kompliziert? Nicht für mich!

Gut, dass einer von uns beiden die räumliche Trennung vollzogen hat. Es war mir lieb, dass du das warst. Und dennoch war ich
traurig. Vielleicht weil ich dich auf eine bestimmte Art noch immer liebe.

Aber ein Zurück? Nein. Du hast keinen Platz für eine starke
Frau an deiner Seite. Und eine Frau in deinem Schatten will ich
nicht sein. Deshalb sollten wir einander ganz freigeben. Ich bitte
dich, in aller Liebe, um die Scheidung.

Yvonne

Fazit

Ein Partner wächst, der andere will das verhindern. Patrik hat von
Anfang an seine Dominanz ausgespielt: Yvonne sollte nach München kommen, weil er nicht nach Paris wollte. Yvonne sollte mit

Ehe und Baby warten, bis er sich für diese Verantwortung reif genug fühlte. Er zog seine berufliche Karriere durch, ohne viel Verständnis aufzubringen, dass Yvonne das Gleiche auch gern für sich gehabt hätte. Yvonne konnte sich nicht durchsetzen, doch ihr Unterbewusstsein rebellierte: Sie bekam Angstattacken. Als sie diese überwunden hatte und langsam wieder ihr Selbstwertgefühl und Selbstvertrauen zurückgewann, hätte es ein Happyend geben können. Voraussetzung dafür wäre allerdings gewesen, Patrik hätte seine Frau als gleichberechtigte Partnerin akzeptieren und sich über ihre neue Stärke und ihr Wachstum freuen können. Er konnte es nicht. Damit war die Trennung besiegelt.

ANGELA, 49, Heilpraktikerin,
15 Jahre Ehe mit Achim, 49,
Scheidung vor 10 Jahren,
1 Sohn, 19 Jahre alt

Lieber Achim,

es war ein so seltsames Gefühl, dich gestern Abend auf diesem
Empfang zu sehen. Ich wusste, dass du einer der Gastredner auf
diesem Kongress sein würdest. Lymphdrüsenkrebs ist schließlich
dein Fachgebiet. Ich war neugierig auf dich. Wir hatten in den
letzten Jahren, nach deinem Umzug nach Marburg, ja nur noch
telefonisch Kontakt. Bei diesen Gesprächen ging es hauptsächlich
um unseren Sohn, selten um uns.

Du hast brilliert mit deinem Vortrag gestern Abend. Ich war so
unendlich stolz auf dich! Ja, stolz! Mein Mann, dachte ich. Mein
Mann? Nein, inzwischen bist du mein Ex. Verheiratet mit einer
anderen und Vater einer fünfjährigen Tochter.
    Du hast mir nur verlegen die Hand gedrückt und dich mit einem
»Ich-muss-mich-leider-um-die-anderen-kümmern« schnell zurückgezogen. Ich kenne dieses Verhalten von früher. Wenn eine
Sache für dich eng wurde, bist du immer geflüchtet, entweder in
deine Arbeit oder zu anderen Frauen. Viel Nähe hast du nie gut
aushalten können.

Du warst die große Liebe meines Lebens, auch meine erste. Wir
waren beide 15, als du mich auf meiner ersten Party zum Tanzen
aufgefordert hast. 15 und verliebt? Meine streng katholische Familie war außer sich, ließ nichts unversucht, uns beide auseinander zu bringen. Ich kämpfte für unsere Liebe und gegen meine Fa-

milie. Es war eine schöne und tiefe Beziehung, eine bewusste Liebe. Ich zahlte dafür mit immer schlimmer werdenden Asthma-Anfällen. Mit 17 bekam ich mein erstes Magengeschwür. Du konntest mit der zerstörerischen Art meiner Eltern schlecht umgehen, aber du hast zu mir gestanden.

Was wir beide damals noch nicht wussten: Dieser Kampf nach außen hat uns lange, lange Zeit davon abgehalten, an unserer Beziehung zu arbeiten. Und dann war da plötzlich ein anderes Mädchen. Dir war unsere Beziehung einfach zu schwierig geworden. Sie hat dich überfordert.

Alles zu geben und dann betrogen zu werden – das war so furchtbar.

In der Zwischenzeit war ich von der Schule genommen worden, weil ich immer wieder im Krankenhaus lag. Ich habe dann das Fachabitur nachgemacht, bin andere Beziehungen eingegangen. Von dir hörte ich nur ab und zu am Telefon.

Und dann kam jener Abend im tiefsten Winter, kurz vor Weihnachten. Du wolltest mich sehen, hast in einem Park auf mich gewartet. Ich flog in deine Arme und war sicher, dass uns jetzt nichts, nichts mehr trennen könnte. In dieser Nacht beschlossen wir zu heiraten. In dieser Nacht ist wahrscheinlich auch unser Sohn entstanden. Ich habe jeden Tag einen Schwangerschaftstest gemacht. Ich fand es wunderbar, schwanger zu werden. Das war das erste und letzte Mal, dass ich ein Kind haben wollte. Diesen Wunsch hatte ich nie wieder.

Du hast dich über das Baby gefreut, aber eigentlich ging dir das alles viel zu schnell. Wir waren gerade 22, knapp 23, als wir heirateten. Du hast mit deinem Medizin-Studium begonnen. Ich begrub meine Pläne, an die Hochschule für Fotografie in Berlin zu gehen, mein Asthma ließ das nicht zu, und ließ mich stattdessen zur Laborantin ausbilden. Eine gemeinsame Praxis – du Arzt, ich

Laborantin – das habe ich mir in den schönsten Farben vorgestellt. Und nebenher würde ich Psychologie studieren. Aber erst solltest du gesettled sein. Wie du weißt, hat mein Vater getobt, er hatte andere Pläne für seine Tochter. Wie klug er war!

Während ich mit allen Mitteln Ausbildung und Kindererziehung unter einen Hut zu bringen versuchte und einen Asthmaanfall nach dem anderen bekam, hast du seelenruhig dein Studium durchgezogen. Erst in Davos, wo ich drei Monate schwerstkrank lag – unser Sohn hat dort laufen gelernt –, begriff ich, dass meine Krankheit einen Namen hat: Achim.

Du konntest nichts dafür. Ich wollte einfach viel Nähe zu dir, du konntest sie nicht ertragen. Du hast geradezu eine Sucht entwickelt, ihr zu entfliehen, und je mehr du geflohen bist, umso mehr habe ich sie gesucht. Mir ist damals klar geworden, dass ich deshalb krank geworden bin, weil ich mich so an dich gekettet habe und kein eigenes Leben lebte. Und ich konnte nicht begreifen, dass dich mein Kampf um unsere Beziehung so bedrückte. Ich hatte so eine Vorstellung von Liebe, und da musste der Mann einfach hineinpassen.

Das alles ist mir damals klar geworden, aber ich habe noch keinen Ausweg gesehen. Drei Jahre hat es gedauert, bis ich meine Koffer packte und aus unserer Wohnung auszog. Du warst verzweifelt, bist während eines Nachtdienstes in der Klinik mit Herzflimmern zusammengebrochen. Ich wollte erst wieder zu dir zurück, wenn ich gesehen habe, dass du eine Weile ohne eine andere Frau leben kannst. Aber ich habe es nicht gesehen.

Als Martin sechs Jahre alt war, haben wir es ihm zuliebe noch einmal ein Jahr lang zusammen probiert. Das reinste Fiasko. Ich sei so stark geworden, ich würde dir Angst machen und dir die Luft nehmen, hast du mir vorgeworfen. Auch das Kind hat dich überfordert. Du hast unseren Sohn sehr geliebt, wusstest aber nicht, was du mit ihm anfangen sollst. Du hattest dafür in deinem Elternhaus auch kein Vorbild. Dein Vater ist mit dir so hilflos umgegangen wie du jetzt mit Martin. Du warst mir auch keine Stütze, als der Junge auf unsere neuerliche Trennung mit Depressionen reagierte und zu kiffen anfing. Da war er ganze neun Jahre alt – ein Kind, Achim!

Du warst fast ein Jahr lang mit einer anderen Frau zusammen, ich bin fast daran zerbrochen. Ich habe nächtelang deine Doktorarbeit in die Maschine getippt, habe dabei geheult, gelitten wie ein Hund. Das Tippen war mein Abschiedsgeschenk an dich. Und ich habe mich gleichzeitig von der Illusion von einem Leben mit dir verabschiedet, habe hart daran gearbeitet, meine eigenen Potenziale zu entdecken und zu entwickeln, die nichts mit dir oder uns zu tun hatten. Ich habe aufgehört, mich mit Medikamenten gegen mein Asthma voll stopfen zu lassen. Einige davon haben Krämpfe in meinem Gehirn verursacht, die zu epileptischen Anfällen führten.

Hilfe fand ich in der Homöopathie. Und als ich für Martin einen Platz im Internat gefunden hatte, habe ich mich sofort an einer Heilpraktikerschule angemeldet.

Beim Lernen habe ich gemerkt, wie gut es mir tat, auch mal was für mich selbst zu tun. Die Homöopathie hat mir zu diesen Bewusstseinsschritten verholfen. Ich war sicher, dieser Beruf würde mir die Möglichkeit geben, ein Leben zu leben, in dem ich meine Ideale realisieren konnte.

Du als Schulmediziner warst erst skeptisch, aber du hast bald gespürt, dass das das Richtige für mich ist. Später warst du mein Coach, hast mit mir vor der Prüfung gebüffelt, mich ermutigt, mich in jeder Beziehung unterstützt. Und als ich meine Praxis aufmachte, hast du gesagt: »Du bist an deinem richtigen Platz.« Ja, das war ich. Ich war auf meinem Weg. Du hast mir dabei geholfen, ich möchte fast sagen, du hast mich dazu gezwungen. All die Veränderungen in unserer Beziehung haben mich gelehrt, mein Leben selbst in die Hand zu nehmen und zu suchen, was meine Aufgabe ist. Meine Aufgabe wäre nie gewesen, drei oder vier Kinder zu kriegen oder neben meinem Mann zu arbeiten.

Die Zuneigung, die uns heute noch verbindet, die wäre verloren gegangen. Ich hätte dich gehasst. So aber hatte ich die Möglichkeit, mich selber zu entwickeln, in mich hineinzuhören: Was will ich eigentlich in meinem Leben? Wie will ich es verbringen? Wo will ich hin? Will ich überhaupt eine Bindung? Kann ich sie überhaupt leben?

Schade, dass du gestern Abend so schnell weggegangen bist. Das hätte ich dir gern gesagt!

Deine Angela

FAZIT

Selbstaufgabe, bis man daran fast erstickt. Angela hat sich Achim aus Liebe total angepasst, seine Pläne zu den ihren gemacht, ihre eigenen Bedürfnisse unterdrückt. Der Kampf gegen die Eltern hat die beiden jungen Menschen zusammengeschweißt, gleichzeitig aber hat er auch verhindert, ihre Beziehung zu entwickeln. Als Achim sie betrog, blieb Angela vor Schmerz buchstäblich die Luft weg: Asthma. Sie hatte sich keinen Raum mehr zum Atmen gelassen. Je mehr Achim aus dieser erstickenden Nähe floh – ins Studium, später in den Beruf, zu anderen Frauen –, desto mehr klammerte sie. Die Krankheit zwang Angela, sich wieder auf ihr eigenes Lebenskonzept zu besinnen, Abstand zu schaffen, um endlich wieder Luft zum Atmen zu bekommen.

SANDRA, 48, Grafik-Designerin,
7 Jahre Ehe mit Jochen, 55,
Scheidung nach 8 Jahren

Lieber Jochen,

es musste noch einmal Marokko sein. Es war nicht ganz die gleiche Reise, die wir in unserem letzten Jahr gemacht haben (ohne dass ich ahnte, dass das unser letztes Jahr, unsere letzte gemeinsame Reise sein würde), aber sie führte doch zu ein paar Punkten, die wir damals zusammen besichtigt haben. Keine Sorge, ich bin nicht masochistisch, und ich wollte keineswegs auf den alten Spuren unserer Liebe wandeln. Ich wollte das Land wiedersehen, das mich von dem Moment an fasziniert hat, in dem wir das Flugzeug verlassen hatten.

Diesmal hatte ich Malblock und Pinsel dabei (ja, ich habe wieder ernsthaft mit Malen angefangen), um dieses unglaubliche Licht festzuhalten. Dieses Licht werde ich immer mit diesem Land und mit dir in Verbindung bringen. Dieses Licht war da, als wir uns an einem Nachmittag so leidenschaftlich geliebt haben wie ganz zu Anfang unserer Beziehung. Es hat sich tief in meine Erinnerung gebrannt, dieser Nachmittag und dieses Licht.

Ein halbes Jahr später, beim Scheidungsanwalt, hast du dich an diesen Nachmittag nicht mehr erinnern können oder wollen. Du hast gesagt, wir hätten uns schon Monate davor nicht mehr berührt. Was stimmte, diesen Urlaub ausgenommen.

Tatsache ist, dass es diese neue Frau schon Monate davor gegeben hat, die für dich aber nicht mehr als eine Kollegin sei, hast du mir versichert, als ich euch beide eines späten Abends in deinem Büro überrascht habe. Ich sah euch über Baupläne gebeugt. Obwohl keiner den anderen berührt hatte, strahlte diese Szene viel

Intimität und Vertrautheit aus, dass mir blitzartig in den Kopf schoss: Zwischen den beiden läuft was. Es läuft nichts, hast du versichert, gar nichts.

Dass wir nicht mehr miteinander geschlafen haben, hatte für mich eine ganz natürliche Erklärung. Ich steckte in einem Projekt, das mich hundertprozentig forderte, und du hattest deinen sicheren und gut dotierten Beamtenstatus gegen einen Posten in der freien Wirtschaft eingetauscht. Ich hatte dich damals sehr zu diesem Schritt ermutigt. Du hast dich mit Verve in diese neue Aufgabe gestürzt, hast 14, 16 Stunden gearbeitet. Dass das nicht nur für die Firma war, ist mir erst später aufgegangen.

Dabei hätte ich dafür eigentlich ein Gespür haben müssen. Mein erster Mann hatte mich betrogen, oft und oft. Das hat mich zutiefst verletzt, aber es war nicht wirklich der Scheidungsgrund. Ich war aus dieser Beziehung hinausgewachsen. Das, was ich mit und durch ihn leben und ausleben wollte, habe ich getan. Es gab keine Herausforderung mehr. Du hast nie verstehen können, warum ich Max geheiratet hatte. Einen »Fehlgriff« hast du das genannt. Es klang ein bisschen überheblich.

Max kam aus einer soliden Handwerkerfamilie, spielte Schlagzeug und Jazztrompete. Ich bin mit klassischer Musik, Horaz und Goethe groß geworden. Er hat es mir ermöglicht, andere Facetten des Lebens kennen zu lernen, die mir bislang völlig unbekannt waren.

Deine und meine Welt waren einander viel vertrauter. Dass mich dein Fremdgehen viel mehr getroffen hat als das von Max, hat nicht nur damit zu tun, dass du der Mann meines Lebens warst. Für Max war und blieb ich immer seine Hauptfrau. Er hat weder mich noch unsere Beziehung und was daran schön war zerstören wollen.

Ich erinnere mich noch genau daran, wie unmöglich du meinen Exmann gefunden hast, als ich dir die Episode mit dem Champagner erzählte. Nachdem ich drauf kam, dass mich Max mindestens schon zum fünften Mal betrogen hatte, habe ich eine Liaison mit einem meiner Kunden angefangen. Nichts Ernstes, es hat einfach meiner Weiblichkeit geschmeichelt. Als ich Max beichtete: »Ich habe eine Affäre«, und hoffte, er würde bei diesem Geständnis zusammmmenbrechen, hat er eine Flasche Champagner bestellt und gesagt: »Gottseidank, jetzt verstehst du mich endlich!«

Ich habe dir diese Episode lachend erzählt, weil sie für mich keine Bedeutung mehr hatte. Du hast damals nicht darüber lachen können, und das fand ich gut. Du hast es nicht gesagt, aber du hast mir damit das Gefühl gegeben, dass ich bei dir mit solchen Eskapaden nicht rechnen müsse. Wir kannten uns da vielleicht gerade mal sechs, sieben Wochen.

Du hast mich zwar nur mit einer betrogen, nicht mit so vielen, wie Max es tat. Und doch war es schlimmer. Es war nicht deine Untreue, die so schmerzte, es war dein Vorwurf, dass ich daran schuld sei. Davon warst du felsenfest überzeugt, weil es dein Ego nur schlecht ertragen hat, dass bereits deine zweite Ehe gescheitert ist.

Irgendwie kann ich das im Nachhinein sogar verstehen. Als wir uns kennen lernten, war ich noch verheiratet, du warst von deiner Frau und den drei Kindern getrennt. Das Geld war knapp bei dir.

Vielleicht wäre unsere Geschichte ganz anders verlaufen. Aber ich hatte schon immer einen Hang zum leicht Dramatischen, Ungewöhnlichen, Verrückten. Und so hat es ja mit uns auch angefangen. Ich war mit meinem Lover in der Innenstadt verabredet. Es war ein heißer Sommerabend. Auf dem Weg zum vereinbarten Lokal zog plötzlich ein Gewitter auf, und ich geriet in einen Platzregen. Mein feines Kleid und meine Frisur – dahin. Ich stürmte in den nächsten Friseurladen und sagte: »Ich habe eine halbe Stunde Zeit, machen Sie was aus mir.« Und fügte noch im Spaß hinzu: »Ich könnte ja dem Mann meines Lebens begegnen!«

Dass ich dem eine Stunde später tatsächlich begegnen würde, daran hätte ich im Traum nicht gedacht.

Später hast du mir erzählt, wie sehr es dich faszinierte, dass eine Frau ausgerechnet in einem Biergarten kein Bier trinkt, sondern einen Pikkolo, und zudem ihren Begleiter ziemlich frivol anmacht. Und wie deine Begleiterin plötzlich sagte: »Die kenne ich doch!« Sie und ich hatten uns vor Jahren während eines Tauchurlaubs kennen gelernt. Und so bist du an meinen Tisch gekommen.

Es hat in den berühmten ersten 30 Sekunden gefunkt, bei uns beiden. Ach, was soll ich sagen: Es hat geblitzt, aber wie! Doch jeder dachte, der andere sei fest gebunden.

Einen Tag später rief ich diese Urlaubsbekannte an, um ihr zu diesem tollen Mann zu gratulieren. Doch sie sagte nur: »Der hat zwar einen Namen, aber finanziell kann er sich keine großen Sprünge erlauben, nicht mal eine Putzfrau. Ich werde mich trennen, denn zu einem solchen Mann kann ich doch nicht aufsehen!«

»Spinnst du?«, fragte ich sie damals, »es hängt doch nicht bloß vom Geld ab, ob man einen Mann achten kann oder nicht!«

Ich habe dann drei Tage lang voller Bangen gewartet, ob du mich anrufen würdest. Du hast. Und da war mir klar: Du gehörst mir! Und ich wollte dich, du wolltest mich.

Es begann eine traumhafte Zeit. Wir bezogen eine Eigentumswohnung, die weitgehend ich finanzierte. Ich zahlte einen Teil deiner Schulden ab. Ich habe es freiwillig getan, denn ich wollte einfach Ordnung hineinbringen in unser gemeinsames Leben. Drei Jahre später haben wir geheiratet. Für mich war Hochzeit einfach die logische Folge unserer Beziehung. Du warst der Mann meines Lebens, und mit dem wollte ich auch verheiratet sein.

Ein bisschen musste ich allerdings nachhelfen. Weißt du noch, damals in den Ferien auf Malta? Wir lagen beide mit einer Magenverstimmung im Bett und konnten den Rückflug nicht antreten. Das hat dir Sorge gemacht, weil du für den ersten Abend, den wir wieder zurück sein würden, eine große Überraschung für mich geplant hattest. Ich war selig: Er hat die Hochzeit vorbereitet, dachte ich.

Von wegen. Du hattest lediglich ein Abendessen in einem Promi-Lokal geplant, für uns beide und deine Mutter.

Ich war so enttäuscht und habe dir das auch gesagt. Du hast nur gesagt: »Ich hätte nie erwartet, dass dir so viel am Heiraten liegt.« Dann haben wir das Aufgebot bestellt.

Sieben Jahre lang lebte ich das Leben, wie ich es mir immer erträumt hatte, mit viel An-die-Schulter-Anlehnen und Sich-geborgen-Fühlen: du der große Mann, ich die kleine Frau.

Du hast viel von meiner Bewunderung gezehrt, ich habe dich groß gemacht, und du konntest daraus viel Anerkennung für dich ziehen. Musste einer von uns verreisen, steckte der andere ihm kleine Zettel mit lieben Worten in den Koffer, wir haben uns überschüttet mit kleinen Aufmerksamkeiten. Ich habe in dieser Zeit meine weibliche Seite voll ausgelebt.

Manchmal hat mich gestört, dass du mich ein bisschen zu sehr bevormundet hast, aber ich habe es dir – als Vater von drei Kindern – auch nachgesehen. Es war einfach nur schön!

Zu viel Illusion, zu wenig Realität? Mag sein.

Du bist dann immer später nach Hause gekommen, und ich habe demonstrativ meine Hausfrauenpflichten auf die späten Nachtstunden verlegt. Wenn du morgens um zwei heimgekommen bist, stand ich am Bügelbrett und habe deine Hemden gebügelt. Du hast richtig sauer reagiert und gesagt: »Dann lass die Putzfrau eben öfter kommen, dann kann sie auch bügeln!«

Dass du mich betrügst – zur Einsicht dieser Tatsache haben mich Freunde gezwungen. Ich war noch nie gut im Nachspionieren. Ich habe mich sogar immer wieder gefragt: »Darf ich denn überhaupt annehmen, dass er mich betrügt? Kann nicht allein dieses Misstrauen unsere Beziehung zerstören?«

Ich wollte es vielleicht auch nicht so genau wissen, denn es ist ja eine Verletzung und eine Niederlage, wenn man feststellt, dass man betrogen wird. Man ist ja auch dankbar dafür, wenn die Zweifel zerstreut werden. Ich war dankbar!

Als ich dich fragte: »Betrügst du mich? Ist da was mit deiner Kollegin?«, hast du Nein gesagt. Ich wusste, dass du lügst.

Dass ich weinte, hast du nie mitbekommen. Ich habe halbe Nächte durchgeheult, habe mir morgens kalte Kompressen auf die Augen gedrückt, eine Sonnenbrille aufgesetzt und mir gesagt: »Du musst dich selber drum kümmern, dass dir das Leben Spaß macht!«

Ich habe dann das getan, was ich schon in meiner ersten Ehe getan habe: mich noch mehr in meinen Beruf hineingekniet. Aus meinen beruflichen Erfolgen habe ich ein großes Selbstbewusstsein gezogen, großes Selbstvertrauen. Mein Beruf hat mir viel Rückhalt gegeben. Keine Ahnung, wie es mir ergangen wäre als Nur-Hausfrau und Mutter von kleinen Kindern. Ich glaube, ich wäre verzweifelt.

Ich habe das Bewundern eingestellt, so könnte ich es auf einen kurzen Nenner bringen, habe versucht, dich mit realistischem Blick zu sehen. Was ich sah, war ein Mann, bei dem der Schein größer war als das Sein. Du hast dich größer gemacht als du warst. Ich war dir in diesem Punkt bis dahin ja auch dein bester Helfershelfer.

Ein halbes Jahr nach dieser traumhaften Marokko-Reise hast du mir gesagt, dass du mich nicht mehr liebst, und auch warum: Ich hätte unsere Liebe zerstört. Ich?

Ich habe es lange Zeit nicht begriffen. Aber es war, als würdest du mir bei lebendigem Leib die Haut abziehen: Es tat weh, furchtbar weh!

Du warst der Mann meines Lebens, und ich soll unsere Liebe zerstört haben? Aber wenn es so war, dann kann ich ja nur minderwertig sein, unfähig für eine Liebe, unfähig für einen Mann wie dich. Dachte ich damals.

Mein Selbstbewusstsein war zu einem Häufchen geschmolzen – es hätte unter der Tür durchgepasst. Nur im Beruf habe ich funktioniert, war ich top, konnte ich einen interessanten Auftrag nach dem anderen an Land ziehen.

Von diesem Zeitpunkt an weiß ich aber auch, wie wichtig Freunde sein können. Sie haben mich aufgefangen, mir das Rückgrat gestärkt, mich ausheulen lassen. Und sie haben mir Mut gemacht. Immer wieder.

Ich habe psychologische Bücher rauf und runter gewälzt. Ich wollte verstehen lernen, was mit uns passiert ist, warum du dich so verhalten hast, was ich falsch gemacht habe. Ich wollte herausfinden, ob du falsch tickst oder ich.

Wir haben nicht um jeden Stuhl, jede Nachttischlampe, jeden Löffel gestritten, als du ausgezogen bist. Ich war großzügig. Es war mir lieb, dass du mit all diesen Stücken auch einen Teil Erinnerung mitgenommen hast.

Ich habe auch gesehen, wie gierig du warst, wie sehr auf deinen Vorteil bedacht. Du hast zielsicher all die teuren und wertvollen Dinge für dich beansprucht.

Und dann der Zettel, den du mir in der fast leeren Wohnung hinterlassen hast: »Danke für alles, was du für meine Kinder getan hast!« Für deine Kinder, nicht für dich?

Du hast mich ausgenutzt. Ich habe es zugelassen. Denn genau dieses Gefühl, ausgenutzt worden zu sein, hat mir geholfen, deine Größe auf Normalmaß schrumpfen zu lassen. Das Bild meines strahlenden Helden hat Flecken bekommen, viele Flecken. Jeder Fleck hat mir geholfen, ein Stück von dir wegzukommen.

Trotzdem habe ich noch zwei Jahre lang jede Nacht geweint, habe ich dich jede Nacht in meinen Träumen gesucht. Ich kam über deine Aussage: »Du hast unsere Liebe zerstört« nicht hinweg. Einmal hast du mir im Traum eine Pistole an die Schläfe gesetzt, und ich wußte, du willst mich vernichten!

Dieser Traum hat mir klar gemacht, ja, du wolltest mich vernichten. Und plötzlich verstand ich, warum du dich so verhalten hast. Du musstest mich vernichten, klein machen, unsere Beziehung zu einem Nichts stempeln, damit du dich frei fühlen konntest.

Als ich das begriffen habe, hörte ich auf, von dir zu träumen.

Eine Freundin, die die ganze Geschichte miterlebte, fragte mich neulich: »So wie es dir ergangen ist, wirst du sicher nie mehr einen Mann haben wollen?« Sie wollte mir dieses »Nie wieder« abfordern. »Was denkst du?«, habe ich ihr geantwortet.

»Ich liebe Männer! Und wenn man so was überstanden hat, wie die Geschichte mit Jochen, dann ist man ja auch wieder frei für was Neues.« Und das geht auch an deine Adresse.

Weißt du, ich bin nicht das bedauernswerte Opfer. Ich bin auch Täter. Auch der Mann, mit dem ich nach meiner »Genesung« von dir eine Liaison angefangen habe, hat mich betrogen.

Dass ich immer an Männer gerate, denen Treue schwer fällt, hat auch etwas mit mir zu tun. Das habe ich nach unserem Dilemma begriffen. Ich suche mir immer den charmanten, etwas undurchschaubaren Mann. Denn nur er reizt mich. Ich glaube, ein Mann, auf den ich mich hundertprozentig verlassen könnte, fände ich nicht attraktiv.

Vielleicht passiert es mir wieder. Wieder wird es schrecklich wehtun. Aber wieder werde ich es überleben, wenn es passiert. Und ich werde diesen Mann nicht dafür verantwortlich machen. Solange ich mir keinen treuen Mann an meiner Seite vorstellen kann, werde ich ihn auch nicht finden. Seit unserer Trennung weiß ich das, dank dir, lieber Jochen.

Sandra

FAZIT

Das Opfer ist gleichzeitig auch immer Täter. Das Thema Untreue zieht sich wie ein roter Faden durch Sandras Partnerschaften. Während sie die Seitensprünge ihres ersten Mannes relativ gut verkraftete, brach sie an der Untreue ihres zweiten Mannes fast zusammen. Er war der Mann ihres Lebens. Sie hat viel für ihn getan: ihn beruflich aufgebaut, seine Schulden bezahlt. Dafür konnte sie an seiner Seite viele Jahre ihre weibliche Seite ausleben, sich geliebt und geborgen fühlen. Das machte sie blind für die Veränderungen in ihrer Beziehung. Mehr noch: Sie machte bewusst die Augen zu, aus Angst, etwas zu sehen, was ihr Glück trüben oder zerstören könnte. Der Seitensprung ihres Mannes war für sie deshalb so schmerzlich, weil er ihr die Schuld am Zerbrechen der Beziehung zuschob. Damit machte es sich Jochen zwar leicht, aber seine Behauptung war dennoch nicht ganz falsch. Solange verlässliche Männer Sandra nicht interessieren, kann sie Treue nicht erwarten. Sie suchte bewußt oder unbewußt immer Männer, die nicht durchschaubar sind. Sie weiß, dass sie damit leicht zum Opfer wird, dass sie gleichzeitig aber auch Täter ist.

BRIGITT, 42, Hausfrau,
6 Jahre Ehe mit Rolf, 42,
Scheidung nach 7 Jahren

Lieber Rolf,

erinnerst du dich noch daran, dass ich dich immer ins Kino
schleppte, wenn ein Doris-Day-Film lief? Warum ich das frage?
Weil ich am Wochenende beim Fernsehen zufällig in einen solchen Film reinzappte. Er hat mich wieder total fasziniert, wenn
auch aus ganz anderen Gründen wie damals. Damals war das meine Welt, so sollte mein Leben einmal aussehen: Mann, Haus, Kinder, Auto, Bobtail. Heute kann ich darüber nur schmunzeln – wie
furchtbar, wenn alles so gekommen wäre.

Dabei haben wir den Anfang zu diesem Doris-Day-Märchen
wunderbar hingekriegt: Frau folgt Mann, wohin er auch geht. Was
tut man nicht alles aus Liebe! Ich folgte dir in deine kleine Stadt
in Schleswig-Holstein. Dort bist du bei der Polizei Streife gelaufen. Ich hatte eben mein Dolmetscherdiplom erworben und hatte
ziemlich wenig Aussicht, in dem kleinen Kaff damit was anfangen
zu können. Doch wie durch ein Wunder siedelte gerade ein amerikanisches Unternehmen an, das mich mit Handkuss nahm.

Der Senior-Boss war Kunstmäzen. Er lud regelmäßig interna-
tionale Stars zu Konzertabenden ein. Eines Tages auch eine italie-
nische Sängerin. In letzter Sekunde drohte die Aufführung zu
platzen, weil das Kindermädchen krank geworden war und niemand auf das Kind des Stars aufpassen konnte. Kurz entschlossen
habe ich mich als Babysitterin angeboten. Mit Kindern konnte ich
schon immer gut. Wir beide wollten ja immer ganz, ganz viele,
mindestens sechs, dazu ein Haus, ein Auto ... siehe oben!

Vielleicht hätten wir unser Sextett gehabt, hätte es jenen Abend nicht gegeben, wer weiß. Er hat unsere bisherige Lebensplanung total auf den Kopf gestellt. Der Manager der Sängerin machte uns beiden ein tolles Angebot, mir einen Job in einer Berliner Konzertagentur, du solltest Tour-Manager werden. Wir haben eine Nacht lang heiß diskutiert, dann stand unser Entschluss fest, dieses Neue zu wagen. Dafür gabst du deine Sicherheit als Beamter auf.

Vier Monate später war die Agentur pleite, Du warst Deinen Job los und bist völlig zusammengebrochen, ein Häuflein Elend, das den halben Tag in unserem Miniapartment verheulte. Es kam noch schlimmer. Um Geld zu sparen, zogen wir nach Freiburg zu meinen Eltern. Aber ihr habt euch nie verstanden, also hausten wir in einem Campingwagen auf dem Campingplatz, bei zehn Grad unter null, bis du endlich wieder einen Job bei der Polizei in Köln bekamst. Es war keine Stadt, in die es mich gezogen hätte. Aber du warst mein Mann, da gab's nichts darüber nachzudenken. Also Köln.

Ich fand einen Job als Sekretärin, wurde bald PR-Assistentin und übernahm innerhalb kurzer Zeit die Schwangerschaftsvertretung der PR-Managerin. Du hast gemault, weil ich so viel gearbeitet habe. Du würdest jetzt endlich Kinder haben wollen, eine Frau, die zu Hause ist, wenn du vom Schichtdienst kommst, und ein Haus weit draußen vor der Stadt. Mich überkam Panik, aber – siehe noch einmal oben – du warst mein Mann, und ich dachte noch immer, dass eine Frau an die Seite ihres Mannes gehört. Mutterrolle war also für mich angesagt. Und deshalb lehnte ich das Angebot einer Modefirma ab, deren Presseabteilung zu leiten. Auch das wäre mit viel Arbeit und wenig Freizeit verbunden gewesen. Dass ich ein bisschen traurig war, hast du gar nicht registriert. Oder nicht wollen. Denn keine Woche später hast du mir beim Fernsehen so nebenbei eröffnet: »Ich kann überhaupt nicht mehr mit dir leben.« Dann bist du aufgestanden, ich hörte bloß noch die Haustür zuknallen, und du bist tagelang nicht mehr aufgetaucht.

Ich bin dann tagelang mit dem Kopf gegen die Wand gerannt, konnte nicht begreifen, was da passiert war. Du warst nirgendwo zu erreichen, auch nicht auf deiner Dienststelle. Dort wurdest du auch vermisst.

Eines Mittags bist du aufgetaucht, unten auf der Straße warteten deine Kollegen in einem Streifenwagen, und hast dich darüber aufgeregt, dass ich dich suche. »Was willst du denn«, hast du gefragt, »ich liebe dich nicht mehr. Damit ist doch alles klar, oder?«

Deine Mutter hatte mich vor unserer Hochzeit gewarnt: »Kind«, sagte sie, »nimm ihn nicht. Er macht dich nur unglücklich.« Wie Recht sie hatte.

Keinen Job, kein Geld, Umzug in ein Winzigapartment, keine Freunde – Gründe genug, um zu verzweifeln. Ich war es auch oft und oft. Dass du mich nicht mehr liebst, dass du mich verlassen hast, gut, das war deine Entscheidung. Aber dass ich deshalb nicht auch noch vor die Hunde gehe, das war meine Entscheidung.

An einem kleinen Tisch in meiner 24 qm-großen Einzimmer-Wohnung (mehr konnte ich mir nicht leisten) startete ich in die Selbstständigkeit, schrieb alle Firmen an, die ich kannte und kennen lernen wollte, bot meine PR-Arbeit an. 600 Briefe habe ich in der ersten Woche zum Postamt geschleppt. Drei Monate später konnte ich schon ein Mini-Büro im Souterrain beziehen, bald darauf den ersten Mitarbeiter einstellen, ein Jahr später in ein repräsentatives Büro umziehen. Mein kleines Unternehmen blühte, ich war glücklich. Ich machte Karriere, mehr versehentlich als absichtlich, denn was ich wirklich gewollt hatte, war eine Familie, Kinder.

Kinder habe ich tatsächlich noch bekommen. Zwar keine eigenen, denn ich heiratete einen Mann mit drei erwachsenen Kindern, die ich nicht mehr lieben könnte, wenn es meine eigenen wären. Sie sind längst aus dem Haus, kommen aber mit ihren kleinen und großen Sorgen zu mir, zu uns. Das macht mich sehr glücklich. Ihr Vater hat sich in mich verliebt, weil er hinter der erfolgreichen Businessfrau ein sehr verletztes und verletzliches Wesen entdeckte. Eine Frau, die das Leid stark gemacht hat und die heute beides leben kann – Stärke und Schwäche.

Mann, Kinder, Haus, Auto – nur der Bobtail fehlt. Also doch ein bisschen heile Doris-Day-Welt? Ja und nein. Ja, weil ich all das bekommen habe, was ich mir erträumt hatte. Nein, weil ich es als selbstbewusste und selbstbestimmte Frau bekommen habe, zu der ich mit deiner Hilfe wurde. Das hattest du sicher so nicht beabsichtigt, als du gegangen bist, und ich hätte es mir damals auch nicht im Entferntesten vorstellen können.

Im Nachhinein betrachtet, war es einfach wunderbar, dass es so gekommen ist. Ich bin froh, dass du mich aus deiner Welt hinauskatapultiert hast, dass ich – wenn auch mit einigen Umwegen – dort gelandet bin, wo ich heute glücklich bin.

Brigitt

FAZIT

Liebe, so schön wie im Kino. Wo du hingehst, da geh auch ich hin. Was auf der Leinwand meist gut endet, weil so viel Demut und Aufopferung einer Frau für einen Mann vom Leindwandhelden belohnt werden (müssen), endet im realen Leben selten gut. Für Brigitt gab es nie einen Zweifel, ob sie den richtigen Schritt getan hat. Sie liebte diesen Mann, also wollte sie an seiner Seite sein, egal wie sich die Zukunft für sie persönlich entwickeln würde. Sie hielt zu Rolf, als er beruflich vor dem Nichts stand, folgte ihm ohne Murren in eine andere Stadt, als er dort Arbeit fand. Sie hätte ihm den Wunsch nach Kindern zu einem Zeitpunkt erfüllt, den sie zwar nicht als ideal ansah, weil sich für sie gerade beruflich große Chancen aufgetan hatten. Doch er war ihr Mann, und was der wollte, zählte. Sie verzichtete deshalb auf eine gute berufliche Position. Rolf »bedankte« sich dafür, indem er sie Knall auf Fall verließ. Dieser Schritt war wichtig für sein Ego. Er brauchte diesen »Sieg«, er hatte sich ihr gegenüber schon viel zu lange als Loser gefühlt. Aber auch für Brigitt war dieser Bruch längst überfällig. Er zwang sie, nicht länger mehr danach zu fragen, was willst *du?* Was macht *dich* glücklich?, sondern sich zu fragen: Was will *ich?* Was tut *mir* gut ? Was bringt *mich* weiter?

ANDREA, 47, Diplom-Ingenieurin,
4 Jahre Ehe mit Manfred, 45,
Trennung nach 3 Jahren,
Scheidung nach 4 Jahren,
1 Sohn, 18 Jahre alt

Lieber Manfred,

hab Dank für deine tröstenden Worte zu Rolands Tod. Sie müssen
dir nicht leicht gefallen sein, deshalb kann ich sie umso mehr
schätzen. Es ist nun auch schon mehr als ein Jahr her, ich hatte dir
damals auch ein paar Zeilen zurückgeschrieben. Seit einiger Zeit
bin ich dabei, Rolands Hinterlassenschaft zu ordnen. Eine schwe-
re Aufgabe. Aber sie hat auch viel mit dir zu tun. Ohne dich hätte
ich die innige Beziehung zu Roland sicher gar nicht leben können.
Nein, davon hast du bestimmt keine Ahnung. Für dich bin ich die
Frau, die dich eines anderen wegen verlassen hat. Auch die Frau,
die dir dein Kind weggenommen hat.

Ich habe dir viel zugemutet damals. Doch ich war so entschlossen, ein neues Leben anzufangen, alles hinter mir zu lassen, was
bislang gewesen war. Roland war der Mann meines Lebens, der
Mann, der mir gezeigt hat, wie das Leben auch sein kann, und vor
allem hat er mir gezeigt, was Liebe ist. Was sich zwei Menschen
wirklich bedeuten können. Wenn ich dir in unserer Verliebtheit
und späteren Ehe sagte, ich liebe dich, habe ich das ehrlich gemeint, weil ich nicht im Leisesten ahnen konnte, dass Liebe mehr
ist als das, was ich für dich empfunden habe.

Damals. Damals bin ich auf deine schwieligen Hände abgefah-
ren. Unser Werk hatte neue Traktoren entwickelt, die in deinem
Kombinat getestet werden sollten. Ich war Ingenieurin für Bau-
maschinentechnik und leitete die Testreihe. Ich hockte tagelang

neben dir auf deinem Traktor, und als die Testreihe beendet war, waren wir ein Liebespaar, und ich war entschlossen, an deiner Seite zu bleiben. Es gab fürchterlichen Zoff mit meinem Vorgesetzten. Der hielt meinen Plan für total verrückt, dich drei Monate lang bei der Erntearbeit zu begleiten. Ich hab's trotzdem getan, habe meinen Führerschein für Drescher und Traktor gemacht, bin an deiner Seite von Zossen bis Rügen gefahren.

Was ich nicht bedacht hatte, war, dass die Erntezeit irgendwann zu Ende sein würde. Böses Erwachen. Mein Stuhl im Werk war inzwischen besetzt und ich zur Konstruktionszeichnerin degradiert. Erst jetzt wachte ich aus meinem Liebestaumel auf. Nein, stimmt nicht, er ging weiter.

»Lass uns heiraten, dann können sie dir nichts mehr anhaben«, hast du gesagt. Wir haben geheiratet, ich zog in dein Dorf, pendelte jeden Tag ins Büro, arbeitete am Wochenende auf den Feldern und auf dem Hof deiner Mutter mit.

Es war eine total andere Welt für mich. Ich fühlte mich auf dem Dorf richtig wohl. Als Städterin hatte ich dort eine Ausnahmestellung, und du hast mich auf Händen getragen. Ich habe einfach nicht viel nachgedacht in dieser Zeit. Wir wollten ein Kind. Und das bekam ich dann auch. Einen Sohn.

Du hattest noch nie ein Theater von innen gesehen, kein Buch gelesen, das mir etwas bedeutete. Aber plötzlich wollte ich, dass du das alles kennen lernst. Ich habe dich gezwungen, mit mir nach Berlin zu kommen.

Doch wer braucht dort einen Traktoristen? Du bist in einer Fabrik untergekommen, hast morgens um fünf das Haus verlassen und Punkt sechs Uhr abends die Wohnungstür wieder aufgeschlossen und erwartet, dass das Abendessen auf dem Tisch stand: Fisch. Fünfmal in der Woche. Am Wochenende entschwandest du auf dein Dorf, um deiner Mutter zu helfen.

Job, Kind zur Krippe bringen, es wieder abholen, einkaufen, kochen, Haushalt – es wurde mir einfach alles zu viel. Als ich dich bat, mir einen Teil der Arbeit abzunehmen, hast du zugeschlagen. Ich bin dir mit allen zehn Fingern ins Gesicht gesprungen. Die Narben davon werden bis zu deinem Ende sichtbar bleiben. Am nächsten Tag habe ich die Scheidung eingereicht. Als ich es dir sagte, hast du vor Wut das Linoleum in der Küche zerschnitten, dich danach in der Kneipe voll laufen lassen und am anderen Tag unser Konto abgeräumt. Ich stand ohne einen Pfennig da.

Ich hatte Glück. Ich bekam einen neuen Vorgesetzten, meinen alten Job zurück und eine neue Wohnung – eineinhalb Zimmer mit Klo auf dem Flur, aber ich war glücklich. Aber nicht lange, denn du hast unser Kind entführt, einfach aus der Krippe abgeholt und zu deiner Schwester aufs Land gebracht. Da war der Kleine gerade ein halbes Jahr alt.

Bei der Scheidung hast du das alleinige Sorgerecht für das Kind beantragt. Eine deiner Begründungen in dieser Schlammschlacht vor Gericht war, dass bei mir die Gardinen nicht weiß, sondern grau gewesen seien. Die Richterin beschwor mich dann auch: »Ändern Sie sich, dann können Sie mit diesem Mann leben.«

Ich habe Himmel und Hölle in Bewegung gesetzt, den Staatsanwalt und das Jugendamt terrorisiert, um das Kind zurückzubekommen. Es hat ein halbes Jahr gedauert, bis ich den Kleinen wieder in den Arm und nach Hause mitnehmen konnte – ein einjähriges Kind, körperlich und geistig auf dem Entwicklungsstand eines Halbjährigen. Ich habe dich gehasst dafür, ich hätte dich ermorden können, kaltblütig.

Ich konnte deshalb damals deine Großzügigkeit nicht richtig würdigen, als Roland, inzwischen mein zweiter Mann, zu dir fuhr, um dir zu sagen: »Ich liebe Andrea, und ich möchte, dass auch ihr Sohn meinen Namen bekommt, denn er ist wie mein eigenes Kind.«

Du warst so überwältigt, dass du Ja gesagt hast.

Roland und ich hatten jede Menge Zukunftspläne geschmiedet. Träumten von einem gemeinsamen Kind. Es sollte eine Tochter werden, eine Julia.

Doch dazu sollte es nicht mehr kommen. Roland wurde krank und starb viel zu früh an einem inoperablen Tumor. Wir konnten nur zwei Jahre unsere Liebe leben – eine wundervolle Zeit, miteinander und füreinander.

Für diese zweite Ehe und für diese große, schöne Liebe haben mich die Erfahrungen mit dir erst reif gemacht.

Dafür dankt dir von Herzen

Andrea

FAZIT

Gegensätze ziehen einander an. Eine dauerhafte Beziehung wird selten daraus. Andrea, die Städterin und Akademikerin. Manfred, Traktorfahrer und Dorfbewohner. Aus Faszination wurde Liebe. Andrea lernte Manfred zuliebe Traktor fahren, begleitete ihn einen Sommer lang auf seiner Tour als Erntehelfer, zog in sein Dorf. Ein Wunschkind kam zur Welt. Ewig konnte diese Idylle nicht andauern. Andreas Versuch, Manfred an ihr Leben – das hieß Großstadt, Theater, Literatur – zu gewöhnen, misslang. Manfred fühlte sich überfordert, fremd, unverstanden. Es war nicht seine Welt, so wenig wie es das Dorfleben für Andrea war: kein fruchtbarer Boden, der eine Liebe nähren könnte. Das Kind zu entführen war zum einen ein Zeichen von Manfreds Hilflosigkeit, andererseits auch seine Art, Stärke zu zeigen. Er sprach nicht Andreas Sprache. Er verstand sich nicht aufs Reden, fühlte sich ihr verbal unterlegen, aber er verstand sich aufs Handeln. Ihr das Kind wegzunehmen war sein Triumph, denn damit traf er Andrea an ihrem verletzlichsten Punkt. Dass er letztlich sein Kind zur Adoption freigab, damit bewies er absolute Größe.

SIBYLLE, 36, Hebamme
1½ Jahre Partnerschaft mit Jens, 39
2 Kinder, 11 und 4 Jahre alt

Lieber Jens,

bei der letzten Altkleidersammlung war ich drauf und dran, endlich dieses Schlauchkleid wegzuwerfen. Ich passe immer noch nicht hinein und werde vermutlich auch nie hineinpassen, doch gerade deshalb hebe ich es auf. Ich sehe die Fragezeichen auf deiner Stirn. Ich hebe es auf, weil es mich immer wieder daran erinnern soll, dass verletzende Erfahrungen so etwas wie einen Heilungseffekt provozieren können. Noch ein paar Fragezeichen mehr auf deiner Stirn?

Du hast mir dieses hautenge Schwarze geschenkt. »Einfach so.« Ich hatte nicht Geburtstag und es war auch nicht Weihnachten. Dieser Moment hat sich so in mein Gedächtnis eingebrannt, dass ich dir heute noch Tag und Stunde nennen könnte. Das Ding war zwei Konfektionsgrößen zu klein für mich, ich konnte darin nur aussehen wie in eine Wurstpelle gepresst. »Dann nimm halt ab«, hast du gesagt. Den Zusatz »endlich« hast du dir verkniffen, ich konnte ihn dennoch hören. Laut und deutlich.

Vor Jannas Geburt war ich sehr schlank. Danach zeigte die Waage 70 Kilo an, doch verteilt auf 1,78 cm Körpergröße war das noch akzeptabel, fand ich, zumal die Proportionen stimmten.

Mit dieser Figur hast du mich kennen gelernt. Wir trafen uns im Kindergarten, ich holte Janna ab und du deinen Dirk. Es fing so lächerlich kitschig an: Allein erziehende Mutter trifft allein erziehenden Vater, sie verlieben sich ineinander, und ihre Sprösslinge spielen fortan gemeinsam in der Sandkiste. Spätestens jetzt wären Tränen der Rührung angesagt und ein baldiges Happyend.

Tränen gab's genug, aber nicht der Rührung, sondern der Trauer, der Wut, der Enttäuschung, und ein Happyend fand nicht statt. Glücklicherweise, ich denke, auch für dich.

Nach unserer Trennung habe ich mich erst einmal satt gegessen, tagelang meine Mahlzeiten mit höchstem Genuss zelebriert und mir gewünscht, du könntest mir dabei zusehen. Ich wollte dir zeigen, dass ich mir fortan nicht mehr jeden Bissen in den Mund zählen lasse und dass es mir egal ist, ob mein Lover bei jeder Umarmung meine Speckröllchen zählt. Soll er doch!

Eine kindliche Trotzreaktion, über die ich heute bloß noch den Kopf schütteln kann. Aber sie hat mir geholfen, mit meinen Aggressionen gegen dich umzugehen und langsam wieder normal denken zu lernen. Hätte ich den Kopf bloß früher geschüttelt. Zum Beispiel, als du zum ersten Mal ganz provokativ einer langbeinigen Frau im Minirock nachgeguckt hast. Du hast nichts gesagt, aber dein Blick sprach Bände. Daraus wurde im Laufe der Wochen ein mehrbändiges Werk.

Gingen wir essen und ich bestellte mir beispielsweise Fleisch mit Soße, hast du gemeint, ich solle doch lieber den Salat nehmen, statt der Pizza besser das Carpaccio, weil kalorienärmer. Jede Zeitschrift hast du mir angeschleppt, in der eine Erfolg versprechende Diät angekündigt wurde. Du dagegen hast den Teller leer geputzt und noch einen Nachtisch hinterhergeschoben. Du musstest nie auf deine Figur achten. Du gehörst zu den Menschen, die futtern können, was sie wollen, und kein Gramm zunehmen. Dass es Menschen gibt, die das nicht können, hast du nie begreifen wollen. Das sei alles eine Frage des Wollens, des Charakters, hast du gesagt. Jeder könne schlank sein, man müsse nur wollen. Wer es nicht schafft, war eben »schwach« oder »zügellos« oder was weiß ich!

Hast du ein einziges Mal auf ein spätes Abendessen verzichtet, auf deine geliebten Süßigkeiten, einen Schluck Bier? Nein! Hast du je an einem einzigen Tag so viel Hunger ausgehalten wie ich in vielen, vielen Wochen? Nein!

Nun hätte ich gegen ein paar Pfunde weniger auch nichts einzuwenden gehabt, aber es war so mühsam. Nahm ich drei Kilo ab, waren davon nach einem schönen Grillabend mit Freunden oder einer stressigen Zeit mit Nachtdienst gleich wieder zwei auf meinen Rippen. Es wurde sogar immer schwieriger, mein altes Gewicht zu halten. Das Fett klebte mir geradezu am Leib. Je mehr ich versuchte, es loszuwerden, desto anhänglicher war es.

Sport hast du vorgeschlagen. Erstens ist das nichts, was mir Freude gemacht hätte, zweitens – wie hätte ich denn das mit meiner ungeregelten Freizeit als freiberufliche Hebamme, einem Kind und Haushalt – nein: mit zwei Kindern und zwei Haushalten – auch noch auf die Reihe kriegen sollen? Ich war halt »schwach« in deinen Augen. Und irgendwann habe ich selbst daran geglaubt. Doch immer, wenn ich ganz down war, mich fühlte wie das sprichwörtliche hässliche Entlein, hast du vor unseren Freunden den unendlich Verliebten gespielt, hast mich umarmt, geküsst, mir Komplimente gemacht.

Kein Wunder, waren die überrascht, als sie von unserer Trennung erfuhren!

Liebe Güte, Jens, war ich in dieser Zeit deprimiert. Das erste Mal dachte ich an Trennung, als wir in Spanien Badeurlaub machten. Ich hatte diese Ferien so, so nötig. Ich hatte mir zwei schöne Badeanzüge gekauft und fand, dass ich darin recht passabel aussah. Doch schon am ersten Morgen am Strand hast du auf eine Bikini-Schöne gedeutet und gesagt: »Ja, wenn du *die* Figur hättest, könntest du auch Bikinis tragen.«

Wie dieser Urlaub gelaufen ist, muss ich dir nicht in Erinnerung rufen, er wird dir so unvergesslich bleiben wie mir. Der Strand war dein Laufsteg, auf dem du dich produziertest, und ich saß eingehüllt (nein: verhüllt) im Bademantel auf meinem Handtuch, traute mich nicht bis vor ins Wasser, denn dann würden ja alle Leute sehen, dass du eine »fette« Partnerin hast. Wie peinlich! Ein so schlanker Mann mit einer soo fetten Frau! Das war's doch, was du dachtest, oder?

Doch deine Partnerin war nicht fett, sie war nur naiv und sehr verliebt. Einfach nicht mutig genug, dich das zu nennen, was du wirklich warst: ein aufgeblasener, lächerlicher Gockel, der sich einbildete, alle Frauen würden sich nur eines wünschen – dich!

Was ich damals zwar ahnte, wurde mir schlagartig klar, als du mir dies besagte Schlauchkleid geschenkt hast. Es ging nur vordergründig um meine Figur. Dahinter steckte viel mehr. Dein Schlankheitsterror hat uns lange, lange von unseren wirklichen Problemen abgelenkt. Er hat uns so beschäftigt, dass wir das, was man heute so schön »Arbeit an der Partnerschaft« nennt, völlig vernachlässigt haben. Hinter deinem Schlankheitswahn verbarg sich deine Unfähigkeit, einen Menschen annehmen und lieben zu können, wie er wirklich ist. Du wolltest eine Traumfrau und hast eine Frau aus Fleisch und Blut bekommen, eine ohne Idealmaße, dafür mit Herz und Verstand und ganz passablem Aussehen.

Wetten, du hast dir nie Gedanken darüber gemacht, wie diese Frau, also ich, wirklich ist, was sie will, was sie fühlt?

Du warst so verletzt, so gekränkt, so erstaunt, als ich sagte, es ist aus. Aber nicht ich habe mich von dir getrennt – du warst nie wirklich bei mir.

Es hat lange gedauert, bis ich mich mit meinem Spiegelbild ausgesöhnt hatte. Der Komplex, den du mir eingepflanzt hast, saß tiefer als erwartet.

Es interessiert dich sicher heute auch noch nicht, ich erzähl's dir trotzdem: Ich passe immer noch nicht in *dein* Kleid, obwohl ich abgenommen habe. Nicht willentlich, es passierte einfach so, als ich aufhörte, über meine Figur nachzudenken. Mein Mann findet mich hinreißend. Unser vierjähriger Sohn übrigens auch. Mein Mann nimmt mich so wie ich bin, für ihn zählen andere Dinge – genauso wie für mich. Und wenn er mich in den Arm nimmt und mich streichelt, ist es mir so egal, ob seine Hände Speckröllchen ertasten oder nicht.

Sollten sie mich eines Tages stören, werde ich eine Diät machen. Vielleicht, vielleicht auch nicht. Und wenn, dann meinetwegen, nicht, weil ich so aussehen möchte, wie ein anderer sich das wünscht.

Seit unserer Trennung weiß ich, dass ich immer »ich« bleibe.

Sibylle

FAZIT

Liebe als Gegengeschäft. Jens hatte ein Faible für schlanke Frauen. Sibylle selbst hätte auch gern ein paar Pfunde verloren, aber je mehr sie sich anstrengte, umso weniger Erfolg hatte sie. Sie *wollte* abnehmen, *konnte* aber nicht. Warum? Weil ihr irgendwann klar wurde, dass Jens sie nur teilweise, aber »nicht ganz« liebte. Vielmehr versuchte er, sie zu einem Erscheinungsbild zu zwingen, das seiner Vorstellung entsprach. Dass sich Jens ausgerechnet in Sibylle verliebte, die in seinen Augen keine Idealmaße hatte, zeigt klar, dass Jens damals zu einer ernsthaften Bindung noch nicht fähig war. Die kleinen Speckröllchen hielten ihn – innerlich – auf Abstand. Sibylle hat das gespürt. Ihr Unterbewusstsein hat sich deshalb geweigert, etwas »herzugeben«. Auch sie brauchte den Abstand zu Jens – in Form ihrer Speckröllchen. In ihrer zweiten Ehe spürte sie diesen Druck nicht mehr, und deshalb konnten ihr ohne Diät zu halten, die Pfunde von den Rippen rutschen.

Teil II

Liebe – nichts einfacher als sie?

»Es gibt kaum eine Aktivität, kaum ein Unterfangen, das mit so ungeheuren Hoffnungen und Erwartungen begonnen wird und das mit einer solchen Regelmäßigkeit fehlschlägt wie die Liebe«, schrieb einer der größten Psychoanalytiker, Erich Fromm, in »Die Kunst des Liebens«.

Liebe, Partnerschaft, ein zum Scheitern verurteiltes Unterfangen? Nicht doch! Zwar wird inzwischen in Großstädten jede zweite Ehe geschieden, in Kleinstädten und auf dem Land jede dritte. Betrachtet man die Zahlen jedoch von der positiven Seite, dann lebt mindestens die Hälfte der Paare zufrieden und harmonisch zusammen.

Vielen ist das auch nicht im ersten Anlauf geglückt. Ein Großteil der Partner hat in vorherigen Beziehungen eine oder mehrere schmerzhafte Trennungen durchgemacht. Gerade dieser Erfahrung verdanken sie ihr neues Glück, denn sie hat sie erst zu dem gemacht, was sie heute sind: beziehungsfähig!

Trennung als Chance? – Klingt ziemlich zynisch für jemanden, dessen Herz noch eine einzige schmerzende Wunde ist. Es braucht eine geraume Zeit, um zu begreifen, dass wir mit jeder Trennung eine riesige Chance bekommen, uns von Stagnation und Einengung zu befreien. Denn es ist gerade die Liebe, die uns oft nicht nur blind macht, sondern auch verhindert, dass wir das Leben leben, das wir eigentlich leben wollen.

Eine Trennung kann demnach die gleiche Wirkung haben wie der erlösende Kuss des Prinzen für Dornröschen: Sie weckt uns auf! Aber der Prinz führt uns nicht auf sein Schloss, er schickt uns auf den Weg, ein eigenes Schloss zu bauen: eines, das uns den

Schutz und die Geborgenheit bietet, nach denen wir uns sehnen, aber auch über die Räume verfügt, in denen wir uns voll entfalten können.

Ganz nebenbei: Queen Victoria (1837–1901), die legendäre Gründerin des britischen Empires, wurde erst zu der starken Frau, als die sie in die Geschichte einging, nachdem ihr heißgeliebter Gemahl Albert starb. »Queen Albert«, wie er auch genannt wurde, hatte ihr bis dahin die Regierungsgeschäfte weitgehend abgenommen. Sie hat ihn an Fähigkeit, Weitblick und Stärke um ein Vielfaches übertroffen.

Warum Trennungen sein müssen

Trennungen, große und kleine, gehören zum Leben. Wir trennen uns von unserer Lieblingspuppe, von der Schule, vom Elternhaus, von Schulfreunden, der Heimatstadt. Wir müssen loslassen, um mit »leeren« Händen voll zugreifen zu können, sonst wäre die Entwicklung unserer Persönlichkeit nicht möglich. Nur ausgerechnet in der Liebe erwarten wir lebenslänglichen »Bestandsschutz«.

Verlassen zu werden ist eine der schwierigsten Trennungssituationen. Egal, welche Gründe der Partner für seinen Trennungswunsch vorgibt, im Klartext heißt das nichts anderes als: »Ich will nicht mehr mit dir leben!« Dieser Schock sitzt tief, zumal wenn man davon überrascht wird.

Doch der Trennungswunsch kommt niemals »plötzlich und unerwartet«, wie es oft vom verlassenen Partner empfunden wird. Ihm geht ein lange schwelender Prozess voraus, an dem beide Partner beteiligt sind. Menschen ändern sich, ihre Bedürfnisse ebenfalls. Und die können bei aller Liebe bei zwei Menschen bisweilen diametral auseinanderdriften. Zwangsläufig muss sich auch ihre Beziehung entsprechend verändern, damit sie sich weiterentwickeln kann und lebendig bleibt. Geschieht das nicht, läuft sie Gefahr zu zerbrechen.

Doch vielen fällt es schwer, ihre neuen Bedürfnisse zu artikulieren. Aus Angst, den anderen zu verletzen, traut sich der Mann zum Beispiel nicht zu sagen, dass er sich mehr Freiraum wünscht, die Frau nicht, dass sie mehr/weniger Sex möchte oder dass ihr die Rolle der Nur-Hausfrau und Mutter gewaltig auf den Nerv geht. Oder was immer es sein mag.

Veränderungen bedeuten immer eine Trennung von Altvertrautem, Gewohntem. Das macht naturgemäß erst einmal Angst. Angst vor dem Ungewissen, Angst vor Verlust, Angst vor einem Nein. Wir verschanzen uns hinter einer Angstbarriere, vertrauen lieber auf die Sogkraft des Altvertrauten, als unser Anliegen entschieden zu formulieren und mutig zu verteidigen.

Gerade wir Frauen machen in diesem Punkt einen gravierenden Fehler. Wir fragen nicht nur deshalb nicht, weil wir Angst haben, der Partner könnte unwirsch reagieren. Wir fragen aus drei weiteren Gründen nicht.

Der erste: Zu denken, wenn man sich liebt, muss man um nichts bitten. Das kommt schon von alleine.

Der zweite: Zu glauben, er reagiert wie wir. Wir können uns gefühlsmäßig meist besser in den Partner einfühlen als er sich in uns. Deshalb tun wir intuitiv oft das Richtige, ohne dass er viele Worte verlieren muss. Das kann eine Umarmung sein, eine liebevolle Frage: »Magst du darüber reden, Liebling?« Deshalb nehmen wir an, dass auch er »spürt«, was wir denken und fühlen und wollen. Falsch! Männer sind keine Hellseher, und sie wollen gebeten werden, und zwar im Klartext: »Ich wünsche mir...«, »ich erwarte...«, »ich vermisse...«, »ich bin traurig, weil...«

Der dritte: Zu sagen, »wenn er selbst nicht drauf kommt und ich ihn erst bitten muss, dann kann ich's gleich bleiben lassen.« Das Ganze funktioniert dann gleichzeitig auch als Test: »Liebt er mich eigentlich noch?«

Wahrscheinlich liebt er uns noch, aber er reagiert nicht so, wie wir erwarten, weil Männer eben anders reagieren.

Wir halten den Mund, doch in uns kochen die Emotionen hoch. Und werfen ihm – immer noch stumm – vor, dass er es ist, der uns daran hindert, unsere neuen Bedürfnisse ausleben zu können. Kommt es zum Streit, dann streiten wir um Geld, um das nächste Urlaubsziel, die Erziehung der Kinder – doch den eigentlichen

Knackpunkt sparen wir aus. Oder wir vermeiden überhaupt jeden Reibungspunkt, ziehen uns in die vermeintlich altvertraute Geborgenheit zurück. In Wahrheit driftet die Partnerschaft wieder ein Stück auseinander, wir fangen an zu frieren, fühlen uns einsam.

Doch wir halten lieber die Einsamkeit zu zweit aus, weil uns vor der Einsamkeit allein noch mehr graut.

Mit diesem Schweigen verspielen wir nicht nur die Lebendigkeit unserer Partnerschaft, wir verspielen auch die Chance, kleine »Trennungsangebote« wahrzunehmen. Die Beziehung wird zum Gefängnis, weil keiner mehr aus ihr herauskommt – es sei denn, einer der Partner wagt den Ausbruch.

Dann kommt es zu dem, was man unter allen Umständen zu vermeiden suchte – der großen Trennung.

Fertig zur Bruchlandung

Könnten wir uns vorstellen, dass sich ein 40-jähriger Mann in ein zehnjähriges Kind verliebt und mit ihm in einer Partnerschaft leben möchte? Wohl kaum. Denn das könnte ja nicht gut gehen – oder? Hier wären wir ganz sicher, dass ein Scheitern vorprogrammiert ist. Und sogar wünschenswert – des Kindes wegen! Das sollte doch erst einmal erwachsen werden!

Zugegeben, dieses Beispiel ist ziemlich provokant, macht aber deutlich, warum so viele Partnerschaften zwangsläufig scheitern *müssen*: nicht aus mangelnder Liebe, aus mangelndem gutem Willen, aus Sprachlosigkeit, sondern einzig und allein deshalb, weil die Partnerin im Laufe der Beziehung sich in eben jenes zehnjährige Kind zurückverwandelt.

Großes Fragezeichen?

Oder überzeugt, »so was« könnte uns nicht passieren?

Tatsache ist, dass es öfter passiert, als wir annehmen möchten, und dass es vielleicht auch uns passiert ist – in aller Unwissenheit und Unschuld!

Am ehesten lässt sich dieses Phänomen so erklären: Mann und Frau treffen und verlieben sich, versprechen einander, für ewig und immer zusammen zu bleiben, gründen eine Familie.

Ein Pessimist würde jetzt sagen: Von da an ging's bergab!

Warum bergab?, fragen wir ungläubig, denn für uns geht es erst einmal steil bergauf.

Schließlich haben wir das, was wir uns immer gewünscht haben – einen Mann, an den wir uns anlehnen können, der uns das gibt, was so überlebenswichtig ist für uns: Geborgenheit, Liebe, ein Nest, Sicherheit (auch in finanzieller Hinsicht).

Dafür sind wir zu – fast – jedem Opfer bereit, zumindest die Mehrzahl von uns:

- Wir verzichten darauf, im Beruf vorwärts zu kommen. Das macht stellvertretend für uns der Partner. Wir ziehen es vor, lieber auf dem Standesamt zu promovieren als an der Uni. Und sind wir im Beruf ziemlich taff und haben dort was zu sagen, dann nehmen wir uns in der Partnerschaft zurück, spielen unsere »weibliche« Seite aus: Er soll der Größte sein, nicht wir.
- Wir sind nicht mehr »ich« und »du«, wir sprechen und denken nur noch im Plural »wir«. Denn jetzt, da sind wir sicher, gibt es nur noch Gemeinsames. Das müssen auch Freunde kapieren. Wenn nicht – dann haben sie eben Pech gehabt!
- Wir glauben, sein Leben sei jetzt auch das unsere, und ordnen uns seinem Lebensplan unter: Schließlich sind seine beruflichen Erfolge, seine Freunde, der Lebensstandard, den er uns bieten kann, ausschlaggebend für unseren sozialen Status.
- Wir interessieren uns für das, was ihn interessiert. Wir lernen Ski fahren, weil er es liebt. Wir lernen asiatisch kochen, weil er es mag. Wir polieren unser Englisch auf, damit wir uns mit seinen Geschäftsfreunden unterhalten können – und, und, und . . . Natürlich prima, wenn es uns ebenfalls Spaß macht, in unser eigenes Lebenskonzept passt. Nicht gut, wenn wir es ihm zuliebe tun. Weil wir eines (im Elternhaus und/oder von der Gesellschaft) gelernt haben: Frauen müssen sich die Liebe eines Mannes »verdienen«. Vergessen sind alle eigenen Lebenspläne, vorbei, abgehakt, Schnee von gestern!

Was mit uns da passiert ist, kapieren wir oft erst, wenn das Kind im Brunnen liegt: dass wir die Weichen falsch gestellt haben – ohne Notwendigkeit. Wir haben es freiwillig getan, in den seltensten Fällen hat uns der Partner dazu gedrängt. Und wenn, dann haben wir nicht deutlich genug Nein gesagt und das Geforderte verweigert.

Dass Mutterschaft und Kindererziehung einen wichtigen Teil in unserem Leben spielen – ohne Diskussion: Das sind schöne und wichtige Aufgaben, aber sie sind zeitlich befristet. Wenn wir sie zu einem lebenslänglichen Sonderstatus hochstilisieren und uns auf ihm ausruhen, dürfen wir uns nicht wundern, wenn wir irgendwann außen vor sind, beruflich und in der Partnerschaft.

Deutliche Worte: Viele von uns konzentrieren sich überproportional auf den Partner und auf die Familie, so dass von uns fast nichts übrig bleibt. Oder anders ausgedrückt: dass von der Frau nur noch wenig vorhanden ist, in die sich der Mann einmal verliebt hat – die spritzige, ehrgeizige, selbstbewusste Frau – oder was immer es gewesen sein mag, das ihn so gefesselt hat, warum er sich in sie verliebt hat und deshalb mit ihr zusammenbleiben wollte. Sie ist nicht mehr die erwachsene Frau von 22, 26, 34 oder 44 Jahren, als die er sie kennen lernte, sie ist zum Kind mutiert, das sich leiten lässt, das zu ihm aufschaut. Je größer sie ihn macht, desto kleiner wird sie, im schlimmsten Fall wieder zur »Zehnjährigen«.

Dass das auf Dauer nicht gut gehen kann – siehe oben!

Irgendwann bekommen wir dieses Ungleichgewicht auch zu spüren, oft, wenn sich die Lebensumstände verändern. Das können u. a. berufliche Krisen sein, Krankheit des Partners, Geburt eines Kindes. Sie legen die Schwachstellen der Partnerschaft frei, führen nicht selten zur Bruchlandung.

Oder eine Krankheit (Depression, Angstzustände, Herzbeschwerden, Rückenschmerzen etc.) signalisiert uns, dass wir alle Rotampeln überfahren haben. Dass wir einen Teil »unseres« Lebens nicht gelebt haben und dass uns das im wahrsten Sinne des Wortes krank macht.

Was machen wir dann? Wir doktern an den Symptomen herum

und schieben dem Partner die Schuld an der brüchig gewordenen Konstruktion zu. Er soll sich ändern. Er soll wieder so werden wie früher, als alles so gut lief.

Doch diese Forderung an die Adresse des Partners zu richten ist verkehrt. Es ist die falsche Baustelle, an der es zu arbeiten gilt. Schon tausendmal gesagt und gelesen und immer noch gültig: Wir können einen anderen Menschen nicht verändern, auch nicht den geliebten Partner, nur uns selbst. Wir müssen uns zu uns selbst beziehungsfähig machen, erst dann können wir erfolgreich eine Beziehung leben.

Von der Aggression bis zur Trauer –
ein langer Weg

Aus! Vorbei! Diese Erkenntnis löst ein ganzes Bündel an Gefühlen aus: Verzweiflung, Wut, Aggressionen, Schuldgefühle, Rachegelüste, Resignation, Hilflosigkeit, Scham, Selbstzweifel, Trauer – einfach die ganze Palette der so genannten »negativen« Emotionen. Der Körper produziert in diesem Zustand vermehrt Cortisol, und dieses Stresshormon ist nicht nur verantwortlich für die Konfusion in Kopf und Herz, sondern auch für körperliche Reaktionen: Es verschlägt uns den Appetit, oder wir kriegen die Fresslust, wir leiden unter Magen- und Herzbeschwerden, Fieber, Grippe, Hautausschlägen oder was auch immer. Kein Wunder, denn Kummer schwächt das Immunsystem, macht uns also anfällig für Krankheiten.

Doch ein Gutes hat dieses Stresshormon: Es versetzt uns erst einmal in einen Schockzustand. Das ist eine physische Schutzreaktion, um den Schmerz zu dämpfen, ihn erträglicher zu machen, und um uns daran zu hindern, klar denken und handeln zu können.

Wir fallen in ein gefühlsmäßiges Vakuum, das umso länger anhält, je hässlicher die Trennung (»Rosenkrieg«) war. Dieses Vakuum verschafft der wunden Seele eine Verschnaufpause, in der sie neue Kräfte sammeln kann, die für eine Neuorientierung nötig sind.

Erst wenn der Schock nachlässt, können wir all jene Emotionen zulassen, die das Verlassenwerden in uns ausgelöst hat.

Wut und *Aggressionen* sind so nötig und hilfreich (manchmal sogar lebensrettend) wie der Notarzt nach einem bösen Unfall. Sie helfen das Schlimmste abzuwenden. »Ich könnte ihn umbrin-

gen«, »in der Hölle soll er schmoren« – Worte, die uns selbst zutiefst erschrecken, beherrschen jetzt unser Denken.

Wir fühlen einfach eine Mordswut im Bauch – und haben damit
ein wunderbares Ventil gefunden, den Überdruck, unter dem die
Seele jetzt steht, abzulassen. Solange wir wütend sind, spüren wir
den Schmerz noch nicht in voller Wucht.

Auch *Rachegefühle* schaffen eine Distanz zum Schmerz. Nicht
nur TV-Soaps leben von diesem an Facetten reichen Thema (vom
Auto zerkratzen bis zur öffentlichen Diffamierung), sie sprechen
auch beim Scheidungsverfahren eine beredte Sprache, insbesondere, wenn Liebe in Hass umschlägt. Da wird mit allen Bandagen
und allen Anwaltstricks gekämpft und gepokert (häufig und leider
auf dem Rücken der Kinder).

Damit ist nicht das Ringen um berechtigte Ansprüche gemeint,
sondern die Lust (und Möglichkeit), es dem Ex so richtig heimzu-
zahlen, ihn fertigzumachen! Er soll büßen für das, was er uns angetan hat. Je mehr er büßt, umso mehr päppelt das unser Selbstwertgefühl wieder auf.

Ein gesundes(!) Maß an Rache wirkt wie Balsam, sofern wir die
Folgen unseres Rachefeldzuges verantwortlich im Auge behalten.
Ein zerkratztes Auto kann wieder repariert werden, ein ange-
kratzter Ruf nicht mehr.

Verlassenwerden trifft uns an einem höchst empfindlichen
Punkt: Es demontiert unser Selbstwertgefühl und Selbstvertrau-
en. Die Erkenntnis, einen geliebten Menschen »nicht halten« zu
können, empfinden wir als persönliche *Niederlage*, als *Schmach*,
als *Scheitern*, als *Versagen*.

Gegen diese Empfindung können wir uns nicht einmal dann
wehren, wenn wir den Partner früher gedanklich schon 100-mal
zum Teufel gewünscht haben. Tatsache bleibt: Er ist gegangen –
nicht wir! Und schon sind wir überzeugt, nicht liebenswert zu
sein, nicht fähig, einen Mann an uns binden zu können.

Selbst für die Untreue ihres Partners suchen Frauen häufig die Schuld bei sich. Wenn sie schon immer glaubten, ohnehin nicht gut genug für ihn zu sein, finden sie diese Annahme durch den Seitensprung bestätigt.

Statt eine gesunde Wut auf den Partner zu entwickeln, kehren wir sie gegen uns. Wir hadern und wüten: »Wie konnte ich bloß so dumm sein, ... mir so viel gefallen lassen, ... so lange aushalten, ... so wenig an mich selbst denken, ... so viel geben und nichts zurückfordern.« Vorwürfe, die zur Selbstanklage werden.

Wut, Zorn, Rache, Enttäuschung – all diese negativen Gefühle müssen sein, um den Bruch endgültig zu vollziehen. Ohne diesen Bruch klammern wir uns, wider besseres Wissen, immer noch an die Hoffnung, es könne wieder gut werden, wir müssten uns nicht von vielen liebgewonnenen Gewohnheiten verabschieden, von wirtschaftlicher Sicherheit und einem gewohnten sozialen Status, um in eine emotional und häufig auch finanziell unsichere Situation zu gehen. Wir wünschen uns einfach nichts mehr, als dass sich nichts ändert, nichts ändern muss, dass alles wieder gut wird.

Denn eines ist klar: Häufig verändert sich nach der Trennung das soziale Umfeld. Das Geld wird knapper, oft kann die Wohnung nicht gehalten werden, nicht selten zieht sich der Freundeskreis zurück oder konzentriert sich auf den anderen Partner. Aus den Kindern werden so genannte Scheidungswaisen, aus der Mutter eine berufstätige Alleinerziehende, die Job und Erziehung unter einen Hut zu bringen hat.

Wut und Schuldzuweisung sind der Versuch, Trauer zu vermeiden. Trauer um den Verlust von etwas, was uns einmal viel bedeutet hat. Trauer um das Ende eines wichtigen Lebensabschnitts. Trauer, dass die Liebe nicht ausgereicht hat, weder die seine, noch die unsrige. Trauer, dass etwas zerbrochen ist, auch in uns. Wir sind enttäuscht, von ihm, von uns. Wir haben unser Urvertrauen verloren.

Aber ohne Trauer gibt es kein wirkliches Ende. Und damit gibt es auch keinen neuen Anfang!

Trennungsschmerz ist wie Fieber: Wir leiden unter ihm, aber er stärkt unsere Selbstheilungskräfte.

Schritte zum Selbstvertrauen

1. Übung: Inventur machen

Die ehrliche Beantwortung kann bei der Inventur helfen, wie viel unserer eigenen Bedürfnisse und Wünsche wir (in Prozenten ausgedrückt) bislang gelebt bzw. nicht gelebt haben:

Mein Leben wurde bislang weitgehend bestimmt und geformt von

meinem Vater/meiner Mutter	_____ Prozent
anderen Familienmitgliedern	_____ Prozent
einem meiner Expartner	_____ Prozent
meinem letzten Partner	_____ Prozent
meinen Kindern	_____ Prozent
meinem Beruf	_____ Prozent
äußeren Ereignissen/Schicksal	_____ Prozent
Sonstigem	_____ Prozent
MIR SELBST	_____ Prozent

Wie viel unserer Lebensplanung haben wir tatsächlich selbst in die Hand genommen, zu wie viel Prozent haben das andere für uns getan?

Versuchen wir nicht, die Verantwortung von uns zu weisen. *Wir* sind für unsere Lebensplanung verantwortlich, *wir,* und niemand anderer. Das wäre so, als wenn wir mit Tempo 200 durch eine auf

30 km/h beschränkte Straße rasen und einen Unfall verursachen würden, nur weil unser Wagen 200 PS hat. Nicht der Hersteller des Autos ist schuld an dem Unfall. Sondern wir. Es war unsere freie Entscheidung, zu rasen anstatt zu bremsen.

Trennung - nichts ist mehr wie früher

Im Idealfall wird eine Trennung als Verlust *und* Gewinn erlebt. Im Normalfall aber sind wir von der Erkenntnis, dass wir auch einen Gewinn verbuchen können, noch himmelweit entfernt. Wenn wir verlassen werden, empfinden wir die Trennung erst einmal als schmerzhaften Verlust, als Niederlage, als existenzielle Bedrohung. Wir fühlen uns hilflos, ohnmächtig, weil uns die eigene Entscheidungsfreiheit genommen wurde: Der andere hat für uns mit-entschieden. Wir können also nur noch re-agieren, nicht mehr agieren.

Die Erkenntnis, dass ein Mensch, mit dem wir zusammenleben wollten, sich plötzlich aus diesem gemeinsamen Lebenskonzept ausklinkt, sich emotional von uns zurückzieht, weitere Gemeinsamkeit verweigert, trifft uns wie ein harter K.-o.-Schlag tief in die Magengrube. Er reißt uns den Boden unter den Füßen weg und nimmt uns die Luft zum Atmen, stürzt uns in eine elementare Lebenskrise.

Der berühmte Psychoanalytiker Sigmund Freud war sicher, dass »wir nie so ungeschützt gegen das Leiden sind, wie wenn wir lieben, nie so rettungslos unglücklich, wie wenn wir unser geliebtes Objekt oder dessen Liebe verloren haben.«

Ob Arbeiterin oder Akademikerin, ob arm oder reich – das Leid trifft sie mit derselben Vehemenz. Im Trennungsschmerz gibt es keine Klassenunterschiede. Aber für alle ist die Chance gleich groß, aus dem Geschehenen zu lernen.

Mit der Trennung geht nicht nur der Partner. Die Trennung verändert unsere Leben radikal von einem Tag zum anderen – auch dann, wenn die Partnerschaft schon längst nicht mehr rund lief und wir uns selbst schon Gedanken über eine Trennung gemacht haben. Solange er an unserer Seite war, konnten wir hoffen, dass es sich vielleicht nur um eine vorübergehende Krise handelt, dass man wieder einen gemeinsamen Konsens finden kann, zumindest dass wir mitbestimmen können, wie es weitergehen soll.

Doch jetzt ist eine Entscheidung gefallen – *seine* Entscheidung: Mit ihr verlieren wir die Orientierung in die Zukunft, die einmal gefassten Lebenspläne werden zu Makulatur. Nur der Tod des Partners könnte einen noch radikaleren Einschnitt in unser Leben verursachen.

Plötzlich sind wir vom Tropf der drei lebenswichtigen »C« genommen: von Caring, Comfort, Contact – also von Fürsorge, Wohlergehen und Zuwendung. Wir nehmen Abschied vom Bestehenden, genauer gesagt: Wir *müssen* Abschied nehmen – uns bleibt keine Wahlmöglichkeit mehr.

Die über lange Zeit ineinander verschlungenen Bande zum Partner werden gewaltsam gekappt. Verwundungen sind unvermeidlich. Deshalb sprechen Betroffene auch oft davon, sich wie amputiert zu fühlen.

Am bedrohlichsten empfinden wir den Verlust der Partnerschaft, wenn wir

- unser Selbstwertgefühl vorwiegend aus der Partnerschaft bezogen und
- nie über alternative Lebenskonzepte nachgedacht haben: Was würde ich tun, wenn ...
- unser Selbstwertgefühl ohnehin schwach ist (weil wir es in Kindheit und Jugendzeit nicht entwickeln und stärken konnten).

Nicht selten wird dann die eigene Identität total in Frage gestellt: Wer bin ich eigentlich – ohne ihn? Es klingt ein bisschen pathetisch: Wir haben mit dem Partner auch uns verloren!

Trauern, um wieder leben zu lernen

Wenn ein vertrauter, geliebter Mensch stirbt, trauern wir. Wir können gar nicht anders. Wir nehmen Abschied. Wenn wir einen Menschen – unseren Partner – an das Leben (sein neues Leben) verlieren, vielleicht sogar an eine neue Partnerin, sind wir traurig und verzweifelt. Aber echte Trauerarbeit zu leisten fällt uns schwer. Das heißt, den Partner auch innerlich wirklich freizugeben und das Schöne aus der gemeinsamen Zeit in dankbarer Erinnerung behalten und in unser Leben integrieren, so wie wir das bei einem Verstorbenen auch tun würden.

Wir müssen den Partner los-lassen, damit wir uns neu aufs Leben ein-lassen können. Wenn wir uns diesem Trauerprozess entziehen, bekommen wir unsere Lebendigkeit nicht mehr vollständig zurück. Tief in unserem Inneren bleibt etwas wie tot.

Doch wie trauert man »richtig«?

Indem wir uns die schönen Zeiten noch einmal in Erinnerung rufen und uns fragen:

Was habe ich an dieser Beziehung schätzen und achten gelernt? Was hat mir an diesem Mann denn so gefallen, dass ich ihn geliebt habe und mit ihm leben wollte?

Welches waren unsere absoluten Höhepunkte, unsere absoluten Tiefpunkte?

Und dann sollten wir uns die Brüche anschauen:

Was hat dazu geführt? Welchen Anteil daran trägt der Partner, was geht auf mein Konto? Was vermisse ich heute, nach der Trennung am meisten?

Und letztlich, ganz wichtig: Was habe ich in dieser Partnerschaft an Positivem gewonnen? Was habe ich gelernt? Einen entsprechenden Fragebogen, den Sie ausfüllen können, finden Sie auf Seite 131.

Diese Reflexion tut teuflisch weh, denn sie macht uns ganz deutlich, welche Träume, Wünsche, Bedürfnisse wir – wir!, und nicht der Partner – haben, welche erfüllt wurden und welche nicht. Und wir können entdecken – wenn wir ganz ehrlich zu uns sind –, was wir dazu beigetragen haben, die Erfüllung zu verhindern.

Bei der Spurensuche kann es sehr hilfreich sein, an die Orte zurückzukehren, an denen man mit dem Partner einmal sehr glücklich war. Klingt ein bisschen masochistisch, weil das so richtig schön weh tut. Aber eines steht fest: Wir sind uns in unserem Innersten, in unseren Gefühlen, nie näher als im Schmerz.

Trauerarbeit ist immer eine hilfreiche Lektion in Sachen Selbsterkenntnis, und Schmerz ist ein guter Lehrmeister, wenn wir auf ihn hören. Je mehr wir uns in ihn hineinbegeben, desto besser lernen wir uns kennen und umso schneller genesen wir von ihm. Und wir haben einen großen Schritt in Richtung Autonomie und Selbstverantwortlichkeit gemacht. Der Ablösungsprozess ist gleichzeitig ein Selbstfindungsprozess.

Selbstvorwürfe, Anklagen gegen sich und den Partner sind in diesem Trauerprozess erlaubt, sogar Selbstmitleid, aber nur für eine bestimmte Zeit. Selbstmitleid ist ein schlechter Ratgeber: Es verstellt den Blick auf die Tatsachen, auf die eigene »Täterschaft«.

Wie lange dieser Trauerprozess dauert, ist eine Frage der individuellen Persönlichkeit. Der eine schafft es im Zeitraffer, der andere braucht »Ewigkeiten« dazu. Ein halbes Jahr ist erfahrungsgemäß das Mindeste. Wir dürfen uns aber nicht scheuen, uns das berühmte eine Trauerjahr zu nehmen, und wenn es sein muss, noch länger: ungefähr die Hälfte jener Zeit, die man gemeinsam verbracht hat.

Statistiken zeigen, dass Frauen nach einer Trennung oder Scheidung erstmal eine längere Zeit allein leben wollen, um das Gewesene verarbeiten zu können. Die meisten Männer dagegen gehen nahtlos von einer Partnerschaft zur anderen. Die neue Partnerin ist meist schon da, wenn sie sich trennen. Dieser Umstand ist eine zusätzliche Kränkung für die Verlassene: Man fühlt sich abgewertet, wenn man so schnell »ausgetauscht« und vergessen wird.

Freunde können uns beim Trauern eine große Hilfe sein. Aber wir dürfen nicht zu viel von ihnen erwarten. Sie haben ein anderes Zeitlimit. Sie gehen schneller zur Tagesordnung über und finden unser »ewiges Lamentieren über ewig dasselbe Thema« schlichtweg entnervend.

Zudem sind Freunde parteiisch. Sie wollen uns mit Wahrheiten nicht noch mehr verletzen (das sind wir ja schon genug), und ihnen fehlt oftmals die Distanz, sich ein anderes Bild von uns zu machen als das gewohnte. Deshalb ist ein Gespräch mit einem Fachmann (Psychotherapeut, Berater bei kirchlichen Institutionen o. ä., siehe Adressenliste auf S. 153) für eine Neuorientierung oftmals hilfreicher als das Lamentieren mit Freunden.

Papa geht

Die Kinder können am wenigsten dafür, sind aber oft diejenigen, die am meisten leiden. Denn sie können noch keine Erfahrung dagegen setzen, dass Trennungen nicht das Ende der Welt bedeuten. Deshalb empfinden sie das Weggehen des Vaters als große Katastrophe, als ernste Bedrohung ihres Daseins. Sie fühlen sich oft schuldig daran, dass die Familie auseinanderbricht. Deshalb wäre nichts fataler, als nicht mit ihnen zu reden. Auch wenn die Eltern versuchen, Unstimmigkeiten vor den Kindern zu verbergen, sie spüren ohnehin, dass etwas nicht stimmt, sie können es nur nicht richtig einordnen. Dieses Vage macht ihnen Angst und ist für sie noch bedrohlicher als das offene Bekenntnis: Mama und Papa vertragen sich nicht mehr, sie gehen auseinander. Es ist für ein Kind leichter, wenn wir ihm erklären: »Schau, Papa und Mama hatten sich einmal sehr lieb, jetzt haben sie sich nicht mehr so lieb. Sie streiten sich so, wie du dich mit deinen Freunden streitest. Aber weil sie nicht länger streiten wollen, gehen sie auseinander. Aber er wird immer dein Papa bleiben, er wird dich weiterhin lieb haben, auch wenn er nicht mehr hier wohnt und du ihn nicht mehr jeden Tag sehen kannst.«

Der Wunsch, den Partner »der Kinder wegen« halten zu wollen, ist verständlich, verliert aber immer mehr an Gültigkeit. Fachleute tendieren inzwischen dazu, dass eine »saubere« Trennung den Kindern weniger schadet, als eine mühsam aufrechterhaltene Fassade. Nach der Trennung finden sie wenigstens bei einem Elternteil Geborgenheit und Emotionalität.

Mögen wir den »Mistkerl« noch so in die Hölle wünschen in unserem Schmerz, in unserer Wut und Trauer, den Kindern gegenüber sollten wir versuchen, eine gewisse Neutralität zu wahren, und uns davor hüten, ihren Vater zu beschimpfen und ihn schlecht zu machen. Das Urteil über den Vater, der gegangen ist, sollten und müssen wir ihnen überlassen, so wie wir uns ja auch das Recht nehmen, uns unser eigenes Urteil über ihn zu fällen.

Sollte sich ihr Vater in Sachen finanzieller Unterstützung, Sorge- und Besuchsrecht als »Mistkerl« herauskristallisieren, sollen wir bei allem berechtigten Zorn an Folgendes denken:

Erstens: Er ist der Vater unserer Kinder, an denen unser ganzes Herz hängt und für die wir das Beste der Welt wollen.

Zweitens: Werten wir den Vater vor ihnen ab, werten wir auch sie ab. Die Kinder sind schließlich ein Teil von ihm, nicht nur von uns!

Fragebogen

Um uns Plus und Minus unserer zerbrochenen Partnerschaft einmal im Detail ganz deutlich zu machen, sollten wir uns die folgenden Fragen ganz ehrlich beantworten:

1. Was habe ich an meinem Partner damals geliebt?
2. Was hat mich an unserer gemeinsamen Zeit am meisten beglückt?
3. Was habe ich in unserer gemeinsamen guten Zeit von ihm gelernt?
4. Was habe ich in unserer Partnerschaft am meisten vermisst?
5. Worüber haben wir am häufigsten gestritten?
6. Was hat mich am meisten verletzt?
7. Was für eine Frau war ich, als wir uns kennen lernten? *(z. B. selbstständig, vielseitig interessiert, sportlich, eingebettet in einen großen Freundeskreis, beruflich ehrgeizig etc.)*
8. Was ist von dieser Frau in unserer Partnerschaft übrig geblieben? *(selbstbewusst? ehrgeizig? kommunikativ? vielseitig interessiert?)*
9. Welche Pläne, Wünsche, Vorstellungen von früher habe ich in unserer Partnerschaft aufgegeben?
10. Welche Pläne, Wünsche, Vorstellungen meines Partners habe ich zu meinen eigenen gemacht?
    a) freiwillig, weil sie *mir* Spaß machten?
    b) was habe ich *ihm* zuliebe getan?
11. Was für eine Frau war ich am Tag unserer Trennung? (z. B. glücklich, nach wie vor beruflich ehrgeizig, selbstbewusst, frustriert...)

12. Was fiel mir nach der Trennung am schwersten, allein durch-
    zuziehen? Was war meine größte Angst? *(z. B. Alleinverdiener
    zu sein, allein ausgehen zu müssen, weil ich mir nur »halb«
    vorgekommen bin ohne Mann an meiner Seite, den Alltag
    neu organisieren zu müssen, Freunde zu finden ...)*

13. Was habe ich am leichtesten gelernt, was am schwersten?

14. Was für eine Frau war ich:
    nach einem Jahr unserer Trennung?
    nach zwei Jahren?
    nach drei Jahren?

15. Was war die heilsamste Lektion unserer Trennung?

16. Was möchte ich von dem, was ich durch die Trennung lernen
    musste, heute nie mehr vermissen?

17. Um wie viel Prozent haben jetzt mein Selbstbewusstsein und
    mein Selbstvertrauen zugenommen im Vergleich
    a) zum Tag unseres Kennenlernens?
    b) zum Tag unserer Trennung?

18. Was hätte ich ohne diesen Expartner vielleicht nie oder nicht
    so schnell begriffen?

19. Was für eine Frau wäre ich heute, wenn ich bei diesem Mann
    geblieben wäre?

20. Für welche Erfahrung möchte ich meinem Expartner am meis-
    ten danken?

Aus Verlust wird Gewinn

Angenommen, wir hätten am Tag der Trennung Bilanz gezogen, was auf der Soll- und was auf der Habenseite der Partnerschaft verzeichnet ist, hätten wir ein dickes Manko, fette rote Zahlen auf der Soll-Seite entdeckt. Wir waren tief ins Minus gerutscht. Lieblosigkeit des Partners und Sprachlosigkeit sind da verzeichnet, ebenso Nicht-verstanden-Werden, unerfüllte Sehnsüchte, aber auch mangelnder Mut zu offenen Worten und Bequemlichkeit, sich durchzusetzen, Resignation, Angst vor dem Alleinsein und noch so einiges mehr.

Und was stand auf der Haben-Seite? Zu wenig, um dicke Zinsen zu bringen. Jedes auf Profit ausgerichtete Unternehmen würde mit einer solchen Bilanz geradewegs in den Konkurs marschieren, den Buchhalter wegen Unfähigkeit entlassen, weil er die Beteiligten nicht rechtzeitig vor der Abwärtsbewegung des Unternehmens gewarnt hat.

Ziehen wir die Bilanz jetzt nach dem Trauerprozess: Die roten Zahlen sind nicht ganz verschwunden. Da schlagen noch immer Gefühle der Unsicherheit, Angst vor der eigenen Courage und nicht selten auch bedrückende existenzielle Probleme zu Buche.

Schauen wir auf die Haben-Seite, entdecken wir dort jedoch ein Polster, das uns für jeden noch so skeptischen Bankdirektor absolut kreditwürdig machen würde: Wir haben – oft unbemerkt – Gewinn gemacht, und keinen kleinen! Wir sind selbstständig und unabhängiger geworden, ehrlicher zu uns selbst, wir haben gelernt, Verantwortung für uns zu übernehmen. Wir können mit Stolz sagen: Wir haben unsere Stärken entwickelt und die in uns schlummernden Potenziale entdeckt und genutzt. Einer der großen Psychoanalytiker, C. G. Jung, hat das so formuliert: Wir sind der Mensch geworden, »der das lebt, was in ihm angelegt ist«.

Natürlich haben wir uns diesen Gewinn, schwer genug, selbst erarbeitet (sonst wäre er ja nicht auf unserem Konto gutgeschrieben!), aber wenn wir fair und ehrlich sind, hatten wir einen genialen Helfer und Berater: unseren Expartner! Er war ein großartiger »Entwicklungshelfer«. Ohne dass ihm das bewusst oder je von ihm beabsichtigt war. Egal, wie schrecklich die Leidenszeit war – er hat uns einen Bärendienst getan. »Dann war's halt Erfahrung anstatt Offenbarung...« heißt es in einem alten Hildegard-Knef-Song. Aber das können wir erst erkennen und schätzen, wenn wir die Trennung innerlich endgültig vollzogen und die Nabelschnur durchtrennt haben. Diese Erfahrung macht es Frauen oft leicht, einen Schritt auf den Expartner zuzugehen und ein neutrales bis freundschaftliches Verhältnis zu ihm zu finden, und sei es nur der Kinder wegen.

Wir verdanken dem Ex mehr, als wir ahnen!

Den Gewinn mitnehmen

*»...dass jemand, der sich einem
gegenüber als Feind verhält, der
beste aller Lehrer ist.«*

DALAI LAMA

Der Mann, der uns verlassen hat, wird, zumindest vorübergehend, zum »Feind«. Und damit zu unserem Lehrer. Trennungen und Scheidungen sind letztlich nichts anderes als Lernlektionen, wie überhaupt das ganze Leben ein unaufhörlicher Lernprozess ist.

Wenn wir genau hingucken, fair und ehrlich zu uns selbst sind, dann haben wir in diese Partnerschaft nicht nur hineingebuttert und nichts herausbekommen. Wir haben auch zugebuttert bekommen von unserem »Feind«. Ihm verdanken wir mehr als nur unsere neu erworbene innere Stärke und Autonomie.

Warum haben wir uns denn überhaupt in ihn verliebt, damals, in diesen Langweiler, Spießer, Macho, Lügner, Taugenichts, Hochstapler, Weiberheld – oder als was immer sich der Prinz später entpuppte? Das hatte schon seine berechtigten Gründe.

Wir verguckten uns in ihn, weil er der Richtige war – damals. Er war das Spiegelbild unserer Sehnsüchte, Bedürfnisse und Erwartungen. Liebten wir nicht gerade das Leichtlebige, dieses Laissez-faire an ihm, seine Sorglosigkeit, eben weil wir selbst so wenig auf die leichte Schulter nehmen konnten? Haben wir nicht von ihm gelernt, an manche Dinge weniger verbissen heranzugehen? Oder faszinierte uns nicht gerade seine Ernsthaftigkeit, diese Bodenständigkeit, seine Tatkraft, während wir immer ein bisschen in den Wolken schwebten? Fanden wir es nicht traumhaft, dass er alles organisierte, die Flugtickets, den Termin in der Autowerkstatt, den Steuerberater, einfach immer wusste, wo's lang geht?

Hat er uns nicht für lange Zeit zur heiß beneideten Frau gemacht, weil er ausgerechnet uns seine Liebe schenkte und uns stolz im Freundeskreis vorzeigte? Konnten wir nicht bei jedem Liebesfilm so hemmungslos schluchzen, weil er soo sensibel war und uns voller Verständnis den Arm um die Schulter legte? Hat er uns nicht für Dinge interessieren können, die uns vorher schnuppe waren, so zum Beispiel mit seiner Liebe zu zeitgenössischer Musik, die wir bis dahin einfach nur grauenvoll fanden? Mit seiner Begeisterung fürs Snowboarden, mit seinen philosophischen Gedanken – oder was immer es gewesen sein mag. War er nicht Anlass dafür, uns für Dinge zu interessieren, die uns vorher nicht berührten? Spielen wir nicht heute noch mit Begeisterung Tennis, Schach oder ..., obwohl wir das einst nur ihm zuliebe angefangen haben?

Hat er uns nicht dazu verholfen, unsere weiblichen Seiten auszuleben oder unsere männlichen, je nachdem, die ohne seine Impulse weiterhin im Dämmerschlaf gelegen hätten?

Hätten wir uns allein getraut, mit dem Motorrad quer durch Arizona zu brettern? Hätten wir Rom bei Regen so intensiv erleben können ohne ihn?

Egal, was immer auch an wenig Schönem später passierte: Der Partner hat uns auch andere Lebensräume aufgeschlossen und wir ihm. Und somit war's also doch Offenbarung und nicht bloß Erfahrung!

Nur weil das Ganze aus dem Ruder gelaufen ist, heißt das noch lange nicht, dass das alles jetzt nichts mehr zählen würde. Im Gegenteil.

Wir müssen nur eines: das, was der Partner in uns belebt hat, mit in unser neues Leben hinüberretten und weiterleben.

Auch wenn es anfangs schwer fällt: Nichts wäre fataler, als den

Partner abzuwerten, denn damit würden wir gleichzeitig auch uns und eine Periode unseres Lebens abwerten. Es waren auch keine »verlorenen« Jahre, wir haben ihm auch nicht »die besten Jahre unseres Lebens geopfert«. Es waren schöne und schlechte Zeiten, aber unterm Strich gute Jahre: Wir haben den anderen zwar verloren, aber uns selbst gefunden!

Schritte zum Selbstvertrauen

2. Übung: Die Frau wiederfinden, die wir wirklich sind

Alles, was wir einmal waren – selbstbewusst, positiv, mutig, kreativ, vital, optimistisch, ehrgeizig, motiviert, warmherzig, vertrauensvoll – sind wir auch heute noch, auch wenn davon im Laufe unserer Partnerschaft nicht mehr viel übrig geblieben ist.

Diese Eigenschaften sind nicht verloren gegangen, sie sind nur verschüttet. Wir können sie reaktivieren – mit einer einfachen, aber wirksamen mentalen Übung:

1. Wir sitzen ruhig und entspannt, atmen ruhig, schließen die Augen.
2. Wir stellen uns vor, im Kino zu sitzen, vor einer großen Leinwand. Der Vorhang ist noch geschlossen.
3. Der Vorhang geht auf. Der Film beginnt: Es ist unser Film, und wir spielen die Hauptrolle!
4. Wir sehen uns als die Frau, die wir früher waren, selbstbewusst bis vertrauensvoll, so wie oben beschrieben. Was haben wir damals gedacht, gefühlt? Welche Emotionen haben uns damals beherrscht?
5. Lassen wir diese Gefühle wirken, die mit diesen Bildern verbunden sind. Versuchen wir, uns genau an sie zu erinnern und sie noch einmal zu erleben.
6. Verabschieden wir uns von dieser Frau, sagen ihr danke und versprechen ihr, sie bald wiederzusehen.
7. Dann wird der nächste Film eingelegt: Wir sehen uns so, wie wir uns am liebsten sehen: vital, fröhlich, mutig, tempera-

mentvoll, erotisch, sinnlich, glücklich! Auch das alles sind wir heute noch, steckt in uns. Wir müssen diese Frau nur aus uns »herausholen«.

8. Welche Gefühle spüren wir, wenn diese »Traumfrau« vor unserem geistigen Auge auftaucht? Freude? Wohlgefühl? Glück? Vitalität? Diese Gefühle müssen wir festhalten, damit wir sie immer wieder abrufen können.

Je häufiger wir diese Übung machen, uns die Frau, die wir früher waren und die wir heute sein wollen, deutlich in Bildern und Gefühlen vorstellen, umso enger wird der Kontakt zu unserem Unbewussten, dort wo diese Frau »schlummert«. Durch die Bilder wird diese Frau belebt und kommt aus dem Verborgenen in unser Bewusstsein. Und umso mehr tritt die Frau in den Hintergrund, die wir bei der Trennung waren: die Frau voller Selbstzweifel, voller Ängste, ohne Zutrauen zu sich selbst. Sagen wir ihr freundlich, aber bestimmt: Adieu! Ihre Zeit ist vorbei!

Der Heilungsprozess beginnt

»... und jedem Anfang wohnt ein
Zauber inne, der uns beschützt
und der uns hilft zu leben...«

aus *Stufen* von HERMANN HESSE

Wo eine Tür zufällt, geht eine andere auf, sagt der Volksmund.
Mit der Trennung vom Partner gehen gleich mehrere neue Türen
auf, und wir bekommen den Generalschlüssel in die Hand. Wir
haben die freie Wahl, welche Tür(en) wir aufschließen wollen.
Hinter jeder verbirgt sich ein noch unbekannter Freiraum. Fremd-
land.

Da wir bislang solche Wahlmöglichkeiten gar nicht hatten, kann
uns das erst einmal schrecken. Deshalb sollten wir zu unserer eigenen Sicherheit der Tür, die zufällt, noch einen nachhaltigen
Stoß versetzen, dass sie wirklich endgültig ins Schloss fällt, damit
wir in einer schwachen Stunde nicht doch in Versuchung geraten,
noch einmal an ihr zu rütteln.

Keiner steigt nach einer unfreiwilligen Trennung wie Phoenix
aus der Asche. Der Einstieg in eine neue Lebensphase verläuft weder schmerzfrei noch linear, die Aufwärtslinie wird von großen
und kleinen Zacken nach unten unterbrochen. Von Verzagtheit,
von Unsicherheitsgefühlen, von Angst, von Selbstvorwürfen, die
so oder ähnlich lauten: »Hätte ich doch...«, »warum habe ich damals nicht...«?

Solche Selbstanklagen (nennen wir sie ruhig: Selbstzerflei-
schung) führen zu nichts, außer dass sie uns Energie rauben und
uns hindern, Strategien zum Handeln zu entwickeln.

Lassen wir die Tür zu und damit viel Ballast zurück. Die Vergangenheit können wir nicht mehr beeinflussen, aber sehr wohl die Gegenwart und die Zukunft.

Schließen wir neue Räume auf, um endlich das zu leben, wovor uns die Angst vor einer Trennung und dem Alleinsein bislang abgehalten hat:

- unsere ureigensten Sehnsüchte wahr- und ernstzunehmen,
- uns zu fragen:
  Was will ich (nicht der Partner, die Eltern, die Kinder)?
  wovon träume ich?
  wie sieht mein Leben aus, wenn ich es nach meinen Wünschen und Vorstellungen einrichte?

Je mehr wir vorher im Du aufgegangen sind, uns auf die Wünsche des Partners konzentriert haben, je weniger wir also zuvor unser eigenes Leben gelebt haben, umso schwerer tun wir uns mit der Chance, das Drehbuch für unser Leben jetzt selbst schreiben zu dürfen bzw. zu müssen. Wir haben es ja zuvor kaum geübt, auch keine Notwendigkeit gesehen.

Neugier heißt das Schlüsselwort. Neugier auf Neues, Unerprobtes, Unerwartetes. Die Bandbreite ist riesig: Koffer packen und die Reise machen, auf die der Partner nie mit wollte. Uns endlich allein auf einen Drink in eine Bar trauen, Fahrstunden nehmen oder was auch immer.

Nur wenn wir den Rahmen des Gewohnten verlassen, unseren einengenden Kokon sprengen und uns auf bislang unbekanntes Terrain wagen, können wir herausfinden, ob und was das Neue für uns taugt. Wir müssen Risiken eingehen, auch auf die Gefahr hin, dass wir eine satte Bauchlandung hinlegen: No risk – no fun!

Nur so lernen wir, Autonomie zu erproben und Verantwortung für uns zu übernehmen. Und nur so lernen wir, Wege zu finden, um unsere Wünsche und Sehnsüchte zu realisieren.

Im Klartext: zu agieren und nicht weiterhin bloß zu re-agieren!

Raus aus der Opferrolle!

Jeder kann uns als Spiegel dienen, in dem wir alle Fehler und Mängel erblicken, die in uns sind. Wir handeln jedoch meistens wie ein Hund, der den Spiegel anbellt, weil er glaubt, dort nicht sich, sondern einen anderen Hund zu erblicken.

LEO TOLSTOI

Das heißt für viele Frauen, erst einmal ihre »Opferrolle« aufzugeben, die ihnen häufig gar nicht bewusst ist, denn sie haben sie schon in frühester Kindheit gelernt – meist von einem autoritären Vater. Er hat bestimmt, die Tochter hat sich gefügt, so wie sich auch die Mutter um des lieben Friedens willen untergeordnet hat.

Wenn es eine junge Frau nicht schaffte, sich von der Autorität ihrer Kindheit zu befreien, wird sie sich mit Sicherheit immer den Mann aussuchen, bei dem sie die Rolle des kleinen Mädchens weiterspielen kann. Das hat natürlich zum einen den Vorteil, die Verantwortung an den Mann delegieren (so wie vorher an den Vater) und gefahrlos in seinem Kielwasser mitschwimmen zu können, hat aber den Nachteil, nie Strategien entwickeln zu müssen und zu können, sich selbst zu trauen, aktiv auf das Leben zuzugehen und ein gesundes Selbstwertgefühl aufzubauen. Statt dessen erfüllen Frauen auch als Ehefrauen noch immer – und unbewusst – die väterlichen Wertvorstellungen und behalten dessen Glaubenssatz fest verinnerlicht: »Du bist in Ordnung, ich nicht!« Erst wenn sie ihn so umformulieren und leben können: »Du bist in Ordnung, ich auch!«, haben sie ihre eigene Identität gefunden, ein gesundes Selbstwertgefühl aufgebaut: Agieren zu können statt nur zu reagieren – das gleicht einem Quantensprung in der Entwicklung der Persönlichkeit.

Wege aus der Einsamkeit

Es ist ein großer Unterschied, ob man sich allein oder einsam fühlt. Gegen das Alleinsein ist nichts einzuwenden, es ist oft nötig, um Gedanken und Gefühle ordnen zu können, in sich hineinzuhorchen, was einem jetzt gut tun würde. Wir haben Kontakt zu uns selbst. Kopf und Herz brauchen und genießen diese Verschnaufpause.

Anders, wenn man sich einsam fühlt. Da ist der Kontakt zu unserem Inneren unterbrochen. Wir fühlen uns wie ausgesetzt auf eine einsame Insel, zu der der Fährverkehr auf unbestimmte Zeit eingestellt wurde.

Doch wie von dieser Insel wieder runterkommen? Indem wir den Fährverkehr selbst wieder in Betrieb setzen und die Funktion des Fährmanns übernehmen, auch wenn wir uns in dieser Position noch sehr unsicher fühlen. Aber – haben wir nicht irgendwann einmal den Führerschein bestanden, obwohl unser Fahrlehrer nach der ersten Stunde mit uns ziemlich blass und entnervt aus dem Wagen stieg, weil wir nicht gerade mit allzu viel Talent glänzten?

Ähnlich verhält es sich jetzt: Wir müssen wieder etwas Neues lernen und stellen fest: Wir sind – mal wieder – blutige Anfänger! Und es ist gar nicht ausgeschlossen, dass wir als Kapitän vom Kurs abkommen bzw. nicht mal wissen, wohin er überhaupt gehen soll. Wir wissen allerdings eines: Wir müssen aufs rettende Festland zurück, egal wie. Wir müssen einfach experimentieren. Lieber tausend Wagnisse eingehen, uns mutig in Wind und Sturm und Untiefen begeben, als auf der Insel bleiben, auf der wir emotional verhungern würden.

Wenn wir bislang schon ausgeprägte Interessen hatten – Sport,

Malen, Reisen oder was sonst –, können wir hier anknüpfen und dabei neue Bekanntschaften schließen, aus denen vielleicht einmal Freundschaften werden. Auch Freunde können wie ein rettender Anker sein.

Wenn kein Rettungsanker da ist? Dann müssen wir rausfinden, was einer für uns werden könnte. Und hier gilt: Lieber etwas ausprobieren, was sich hinterher als Flop darstellt, als überhaupt nichts zu machen. Denn eines ist sicher: Solange wir untätig und gefrustet zu Hause auf dem Sofa sitzen und darauf warten, dass das Leben endlich zu uns ins Wohnzimmer geschwappt kommt, wird nichts passieren. Zumindest nicht das, was wir uns so sehnlich wünschen.

Wer Musik hören will, muss dahin, wo Musik gespielt wird. Das kann sowohl der berühmte und häufig belächelte Töpferkurs an der Volkshochschule sein als auch die Vorlesung über den Trend der US-Wirtschaft. Das kann Joggen sein oder das Chatten im Internet. Das Reaktivieren alter Freundschaften oder die »Entdeckung« von Museen und Galerien. Der wöchentliche Besuch im Schwimmbad ebenso wie die Gründung eines eigenen Stammtisches. Solange wir es nicht ausprobiert haben, können wir nicht mit letzter Sicherheit sagen, ob es nicht doch taugt, dem schwankenden Boden unter unseren Füßen wieder ein Stück Stabilität mehr zu geben.

Bleiben wir realistisch: Wir werden anfangs eher »Babyschritte« machen und häufig stolpern, als mit Sieben-Meilen-Stiefeln davonzustürmen. Wir werden das eine oder andere tun, ohne große Freude dabei zu empfinden. Wir sollten uns dabei den Blickwinkel von Kindern zu eigen machen. Sie üben so lange, bis sie auf ihren wackligen Beinchen stehen können, ohne wieder umzufallen, oder bis die Wand aus Bauklötzen steht und nicht mehr zusammenstürzt. Wichtig ist, dass wir nicht schon beim ersten Misserfolg aufgeben.

Eine wertvolle Hilfe kann ein Tagebuch sein. Darin können wir unsere Erfolge, unsere Fortschritte schwarz auf weiß festhalten und verfolgen. Und es zeigt auch, wo ein Kurswechsel angesagt ist, wenn trotz all unserer Anstrengung kein Land in Sicht ist.

Muster für einen Dankesbrief

Lieber ...,

wir haben uns einmal geliebt und waren viele Jahre glücklich. Irgendwann bist du gegangen, und ich war damals sehr unglücklich darüber. Aber heute bin ich glücklich. Daran hast du einen großen Anteil, obwohl du das nicht wissen kannst. Ich habe durch dich und in unserer Partnerschaft vieles gelernt, was mir dieses Glück möglich machte. Dafür möchte ich dir danke sagen!

Ich habe dich geliebt, weil ...

Ich glaube, du hast mich geliebt, weil ...

Unsere Liebe hat mich deshalb so glücklich gemacht ...

In unserer Partnerschaft habe ich am meisten vermisst ...

Ich fühlte mich durch dich am meisten verletzt durch ...

An der Trennung hat mich am meisten geschmerzt ...

Nach der Trennung habe ich dich am meisten gehasst für ...

Durch unsere Trennung habe ich gelernt ...

Die Trennung hat mich zu dieser Frau gemacht ...

Ganz besonders danke ich dir für: ...

Deine ...

Beruf als Sicherheitsgurt

Berufstätigkeit kann eine große Hilfe auf dem Weg in einen neu-
en Lebensabschnitt bedeuten, eine Art Sicherheitsgurt. Der kann
den Crash zwar auch nicht abwenden, sehr wohl aber seine Folgen
mindern, die bei fast jeder Trennung unausweichlich sind: finanzielle Probleme und die damit verbundene demütigende Abhängigkeit vom Partner. Selbst verdientes Geld verkörpert ein Stück
Unabhängigkeit und Macht. Zwei wichtige Komponenten für das
Gleichgewicht einer Partnerschaft, denen Frauen im Über-
schwang des Verliebtseins viel zu wenig Bedeutung beimessen.
Verfügungsgewalt über das Konto des Mannes zu haben gaukelt
der Ehefrau zwar die Sicherheit vor, gleichberechtigt zu sein. In
Wirklichkeit ist sie es nicht. Die Kontovollmacht manifestiert lediglich die tatsächlichen Machtverhältnisse: Ich, der Mann, verdiene das Geld, und ich, der Mann, erlaube dir es auszugeben, nach
meinem Gutdünken.

Aber nicht nur das selbst verdiente Geld ist ausschlaggebend. Die
Berufstätigkeit hat ein weiteres Gutes: Keiner, der täglich an seinem Arbeitsplatz erscheinen muss, kann sich erlauben, in totale
Apathie zu fallen. Er muss, bei aller Trauer und Depression, seinem Tag eine gewisse Struktur geben. Das schützt vor dem absoluten Absturz und ist gleichzeitig ein gutes Gerüst, an dem man
sich hochhangeln kann.

Wieder in den Beruf zurück zu müssen wird vielen von uns aus
finanziellen Gründen gar nicht erspart bleiben. Erstaunlicher-
weise schaffen gerade Frauen unter dem Zwang der Situation den
Spagat zwischen Kindern und Beruf, den sie früher für unmöglich

gehalten und auch abgelehnt hätten. Und sie schaffen es mit bewundernswerter Bravour, auch wenn sie oft an dieser Doppelbelastung zu zerbrechen drohen. Die Kraft zum Durchhalten holen sie aus der Erkenntnis: Ich muss, ich will – und *ich kann!*

Auf der Zielgeraden

Anfangs haben wir es noch aus Trotz getan, später voller Lust zelebriert, weil es uns Spaß machte: sonntags im Bett gefrühstückt (*er* hat es gehasst!), bei der Zeitung als Erstes zum Sportteil gegriffen (das war *sein* Privileg), die Spülmaschine halbvoll laufen lassen (*er* hielt das für Verschwendung), nur noch Hosen getragen (*er* mochte uns lieber in Röcken), stundenlang mit Freundinnen telefoniert (*er*, früher: »Dass ihr so lang quatschen müsst!«), bis weit nach Mitternacht um die Häuser gezogen (ohne *ihn* telefonisch zu beruhigen, wir kämen bald nach Hause), das Abo im Fitness-Studio gekündigt (*er* hatte Angst, einen Bauch zu kriegen), den Pizza-Service bestellt (*er* fand das barbarisch), die Kinder ein Wochenende bei der Schwester einquartiert (*er* früher: »Nicht bei dieser Zicke!«), freiwillig Überstunden gemacht (weil *er* nicht mehr sagte: »Selbst schuld, wenn du dich ausnutzen lässt!«). Wir haben uns einen frechen Kurzhaarschnitt verpassen lassen (*er* wäre in Ohnmacht gefallen, *er* liebte unsere Löwenmähne), wir hocken entspannt auf dem Sofa und ziehen uns ein Video rein, während wir Gesichtsmaske und Haartönung einziehen lassen (haben wir früher im Badezimmer absolviert, *seinetwegen*).

Auch diese Auflistung ließe sich endlos fortsetzen.

Es sind diese vielen kleinen Dinge, die Abstand zum alten Leben schaffen können. Abstand schafft auch eine neue Wohnung. Die meisten Frauen sind nach einer Trennung ohnehin gezwungen, die eheliche Wohnung aufzugeben, weil sie nicht mehr zu halten ist. Das hat bei allem Schmerz und großer Wut – er geht, und ich muss dafür büßen – auch Vorteile. Eine neue Wohnung signalisiert: Hier fängt was Neues an. Können wir die alte Wohnung behalten, sollten wir sie auf jeden Fall umgestalten, um deutlich zu machen: Was war, ist vorbei.

Wir probieren aus, wie sich »Freiheit« anfühlt, wie sie schmeckt. Und finden schnell heraus, dass sie süß schmeckt und manchmal auch bitter!

Der Weg von der verlassenen Partnerin zum zufriedenen Single oder zur zufriedenen allein erziehenden Mutter ist kein permanentes Zuckerschlecken, eher ein Hindernislauf, bei dem wir häufig über diese beiden Stolpersteine fallen: die Sehnsucht nach dem Vertrauten und die Angst vor dem noch nicht Vertrauten. Das lässt uns anfangs zwei Schritte vor- und wieder einen zurückgehen. Nicht selten sogar richtig hart auf die Schnauze fallen, um es salopp, aber treffend zu formulieren.

Aber irgendwann sind wir so weit – bildhaft ausgedrückt –, die Highheels gegen bequemere Laufschuhe auszutauschen. Wenn unsere Unsicherheit und Skepsis mehr und mehr einem wachsenden Selbstvertrauen weichen, können wir immer mehr Etappensiege verzeichnen, schaffen es auf die Zielgerade – und geradewegs hinauf aufs Siegertreppchen!

Am Ende steht der Anfang

Vielleicht stehen wir ein bisschen erschöpft, vielleicht sogar ein bisschen verwundert dort oben auf dem Treppchen, aber die Medaille kann uns keiner mehr nehmen. Wir haben unsere größten Gegner besiegt: unsere Ängste, unsere Unsicherheit, unser fragiles Selbstbewusstsein, unsere Feigheit und unbewusste Weigerung, wir selbst zu sein.

Wir haben erfahren, dass wir Trennungen überleben und dass uns Verlust nicht umbringt. Im Gegenteil: Die Trennung hat unserem Dasein einen anderen Sinn gegeben, weil wir das Wort »Sinn« als »Richtung« oder »Weg« verstehen.

Die Trennung hat uns den Weg gezeigt zu der Frau, die wir heute sind und die wir gerne sind. Die Frau, die sich aufs Leben einlässt, weil sie erfahren hat, dass Abschied auch Gewinn sein kann. Dass das Leben lebenswert ist – trotz der Abschiede. Oder vielleicht gerade erst durch sie?

Sagen wir dem Mann, der uns zu dieser Erkenntnis verholfen hat, sagen wir unserem zeitweiligen »Feind« und wichtigen »Entwicklungshelfer« von Herzen – danke!

Informationen und Kontakte

Anhang

Selbsthilfegruppen gibt es in zahlreichen Städten. Sie bieten zum Teil auch professionelle Hilfe an, basieren jedoch hauptsächlich auf gegenseitiger Hilfe durch Gespräche mit Gleichgesinnten. Selbsthilfegruppen werden meist auf Initiative von Betroffenen gegründet. Adressen von lokalen Selbsthilfegruppen können erfragt werden bei:

> Zentrale Kontaktstelle für Selbsthilfegruppen
> Friedrichstraße 33, 35392 Gießen
> Tel. 0641/74 45 03, Fax 0641/9 94 56 19

Sollten Selbsthilfegruppen und Unterstützung durch andere nahestehende Menschen nicht möglich oder ausreichend sein, bieten die Beratungsstellen für Familien und Erwachsene (Lebensberatungsstellen) psychotherapeutische Hilfe an.

Beratungsstellen, die von Städten, Gemeinden und Kirchen getragen werden, stehen im örtlichen Telefonbuch.

Psychotherapeuten sind in den Gelben Seiten verzeichnet oder können in Erfahrung gebracht werden über:

> Deutsche Gesellschaft für Verhaltenstherapie
> Postfach 1343, 72003 Tübingen
> Tel. 07071/94 34 94, Fax 07071/94 34 35

Register

Abenteuer 69
Abhängigkeit 48, 147
Abrechnung 10
Abschied 125f., 151
Abstand 85, 149
Aggression(en) 9, 118
Angst 43, 52, 94, 111f., 129, 133, 140, 150
Angstattacken, -zustände 80, 116
Anklagen 127
Anpassung 16
Ansprüche 16, 119
Apathie 147
Appetit 118
Asthma 85
Aufopferung 98
Autonomie 127, 135, 141
Autorität 142

Bedürfnisse 85, 111f., 127, 135
Beruf 37, 115
Besuchsrecht 130
Beziehungen, vorherige 109
Bilanz 11, 133
Bindung 108
Brüche 126

Chance (Trennung als) 109, 124
Cortisol 118

Dankbarkeit 37
Dankesbrief 10
Davonlaufen 69
Demut 98
Depression 116, 147
Diät 108
Distanz 128
Dominanz 37, 79
Drogen 48

Einengung 109
Einwirkungen, äußere 75
Eltern 85
Emotionalität 129
Emotionen 112, 118
Energie 140
Entscheidungsfreiheit 124
Enttäuschung 24, 120
Entwicklungshelfer (Expartner als) 134
Erfolg 16, 75, 115
Erscheinungsbild 108
Erwartungen 135
Erziehung 112

Fähigkeiten 9
Faszination 103
Feigheit 150
Feindschaft 37

Fettpolster 52
Fieber 118, 121
Freiheit(en) 58, 150
Freiraum 111
Fresslust 118
Freud, Sigmund 124
Freunde 115, 120, 128f., 144
Fromm, Erich 109
Frustration 52
Fürsorge 125

Geborgenheit 52, 114, 129
Gefühle 53, 65, 120
Gegengeschäft 108
Gegensätze 103
Gemeinsamkeit 124
Geld 112, 120, 147
Gewinn 124
Glück 9, 109
Gräben, gesellschaftliche
    43
Grenzen 16, 58
Grippe 118

Handeln 103
Hass 119
Hautausschläge 118
Heimlichkeiten 65
Herz 58
Herzbeschwerden 116, 118
Hilflosigkeit 103, 118
Hoffnung 24
Höhepunkte 126

Idealmaße 108
Identität 125

Illusionen 24, 65
Immunsystem 118

Jung, C. G. 134
Jungmädchenträume 24

Karriere 80
Kind(er) 37, 43, 48, 58, 65, 98,
    103, 112, 114, 116, 120, 129,
    147
Kindererziehung 112, 116
Kindheit 142
Kneifen 69
Konflikte 69
Kontovollmacht 147
Kraft 9
Krankheit 116
Kränkung 128
Kreativität 9
Krise(n) 116, 125
Kummer 118

Lebenskonzept 85, 125
Lebenskrise 124
Lebensplan(ung) 115, 122
Lebensstandard 115
Liebe 37, 43, 58, 98, 103, 108f.,
    111, 114f., 119f., 124, 136
Liebesbeweis 37
Lieblosigkeit 133
Lügen 65

Macho 24
Macht 147
Magenbeschwerden 118
Minderwertigkeitskomplexe 43

Mut 10, 16, 69, 133
Mutterschaft 116

Nähe 85
Nein sagen 116
Neugier 141
Neutralität 130
Niederlage 119, 124

Opfer 94, 115
Opferrolle 48
Orientierung 125

Partnerschaft 10, 75, 109, 113ff.
Persönlichkeit 9, 111
Potenziale 133
Probleme 69
– existenzielle 133
– finanzielle 147
Prozesse, innerliche 75
Psychotherapeut 128

Queen Victoria 110

Rache 119f.
Rachegelüste 118f.
Realität 24
Reden 103
Reflexion 127
Resignation 118, 133
Risiko 141
Rosenkrieg 118
Rückenschmerzen 116

Scham 9, 118
Scheidungswaisen 120

Scheitern 119
Schmach 119
Schmerz 85, 118f., 127, 129, 149
Schock 111, 118
Schuld 48, 94, 116, 120
Schulden 94
Schuldgefühle 20, 118
Schuldzuweisung 120
Schweigen 113
Seele 65
Sehnsucht, Sehnsüchte 135, 150
Seitensprung 30, 65, 94, 120
Selbstanklage 120
Selbstaufgabe 85
Selbstbewusstsein 150
Selbsterkenntnis 9, 127
Selbstfindung 9
Selbstfindungsprozess 127
Selbstheilungskräfte 121
Selbstmitleid 127
Selbstverantwortlichkeit 127
Selbstvertrauen 80, 119, 150
Selbstvorwürfe 127, 140
Selbstwertgefühl 80, 119, 125, 142
Selbstzweifel 118
Sex 111
Sicherheit 30, 114
Skepsis 150
Sorgerecht 130
Speckröllchen 108
Sprachlosigkeit 114, 133
Spurensuche 127
Stagnation 109
Stärke(n) 9, 80, 103, 133, 135
Status, sozialer 115
Strategie 140, 142

Streit 43, 112
Stresshormon 118

Tagebuch 145
Täter 94
Tiefpunkte 126
Trauer 9f., 52, 118, 120f., 129,
    147
Trauerarbeit 126f.
Träume 69, 127
Trennungsschmerz 121, 124

Überdosis 48
Umbruch 75
Unabhängigkeit 147
Unsicherheit 133, 150
Unsicherheitsgefühle 140
Unterbewusstsein 108
Untreue 94, 120

Vaterrolle 37
Veränderungen 94, 112
Verantwortung 30, 80, 141f.

Verlust 124
Versagen 119
Verstand 58
Verständnis 80
Vertrauen 53
Verzagtheit 140
Verzweiflung 118
Vorwürfe 120

Wachstum 80
Weiterentwicklung 9
Wiedervereinigung 75
Wille, guter 114
Wohlergehen 125
Wünsche 127
Wunschkind 103
Wut 9f., 20, 118ff., 129, 149

Zärtlichkeit 52
Ziele 10
Zorn 120
Zuwendung 125
Zweifel 98

FINDEN SIE
IHREN TRAUMPARTNER

16279

16281

16312

SO KOMMEN SIE VORAN ...

16267

16193

16309

16310

GOLDMANN

Bitte senden Sie mir das neue kostenlose Gesamtverzeichnis

Name: _____

Straße: _____

PLZ / Ort: _____